Königs Erläuterungen und Materialien
Band 237

Erläuterungen zu

W0071974

George Bernard Shaw

Pygmalion

neugefasst und erweitert von Reiner Poppe

C. Bange Verlag – Hollfeld

Herausgegeben von Klaus Bahners, Gerd Eversberg
und Reiner Poppe

Hinweis der Herausgeber:

Die Rechtschreibung wurde der amtlichen
Neuregelung angepasst.
Zitate wurden in der alten Schreibweise
übernommen!

3. überarbeitete Auflage 1997

ISBN 3-8044-1649-9
© 1988 by C. Bange Verlag, 96142 Hollfeld
Alle Rechte vorbehalten!
Printed in Germany

INHALT

VORWORT ZUR NEUAUFLAGE

In Shaws „Pygmalion" hat das Theater einen nach wie vor erfolgreichen ‚Dauerbrenner' mit dankbaren Rollen, in denen die Schauspieler brillieren können; das Publikum ein immer wieder erfrischendes Stück, das gute Laune verbreitet und einen unterhaltsamen Theaterabend verspricht; die Schule eine unkomplizierte Lektüre, der die Schüler sich im allgemeinen ohne Widerstreben zuzuwenden bereit sind. Gründe genug, unseren Erläuterungsband zu aktualisieren und ihn dem neuen Gesicht unserer Reihe anzupassen.

Streichungen, Kapitelumstellungen, Ergänzungen und teilweise Neufassungen bestehender Kapitel haben (auf der Grundlage der alten Fassung von Dr. E. Neis) zu Akzentverschiebungen und demzufolge zu einer veränderten Gliederung geführt (Kapitel 1,2,5). Dabei wurde der Rückgriff auf eine modernere Textfassung des „Pygmalion" erforderlich (Reclam, Stuttgart 1986, in der Übertragung von Harald Mueller, die im Wortlaut ganz erheblich von der Textvorlage abweicht, auf die sich die ältere Auflage bezog).

Wir haben uns entschlossen, wieder die deutsche und nicht eine englische Textversion zugrundezulegen, weil in aller Regel die Mehrzahl der Zuschauer und Leser (Schüler) einer deutschsprachigen Fassung weit eher begegnet. Entsprechend haben wir auch nahezu vollständig darauf verzichtet, aus der englischen Sekundärliteratur zu zitieren (Ausnahme: Kapitel 3.2 und 4.3). Der angehende Anglist oder der Englischlehrer mag dies bedauern; aber im Gegensatz zu anderen Erläuterungsbänden unserer Reihe (Bradbury-Huxley, Miller, Priestley, Steinbeck), in denen adressatenbezogen mehr aus den anglo-amerikanischen Originaltexten zitiert wird, richtet sich dieser Erläuterungsband an ein breiteres Lesepublikum.

Dennoch möchten wir empfehlen, parallel eine englischsprachige Ausgabe zu lesen. - Die Literaturauswahl mit Titeln aus der englischen und amerikanischen Literatur zu Shaw und zu „Pygmalion" will auch den Ansprüchen derjenigen Leser genügen, die sich weitergehend und vertieft mit den angesprochenen Sachverhalten auseinander setzen.

1. GEORGE BERNARD SHAW

1.1 Leben und Werk

George Bernard Shaw wurde am 26. Juli 1856 in Dublin geboren. Er bezeichnet sich selbst als einen typischen Iren, da seine Familie aus Yorkshire stammt; eine Reihe von Generationen in Irland hat ihr irisches Gepräge gegeben. Er war der Sohn eines englischen Kaufmanns und einer irischen Gesangslehrerin; er wächst mit dem trüben Familienhintergrund ständiger finanzieller Not, dürftiger Schulbildung und einer Leidenschaft für Musik auf und folgt mit zwanzig Jahren der Mutter nach London, die dort eine Anstellung und Verdienstmöglichkeiten zu finden hoffte. Shaw bringt es viele Jahre zu nichts und muss von der Mutter notdürftig unterhalten werden. Er schlägt sich als Kontorangestellter, Klavierspieler und Gelegenheitsarbeiter mühselig durch und tritt – bei dieser Lebenslage verständlich – schon früh sozialistischen Gedankengängen nahe. Shaw ist Intellektualist und Rationalist; Ibsen und Marx wirken stark auf ihn ein; er nimmt die gesellschaftlichen Konventionen seiner Zeit aufs Korn und ist unter den Anti-Viktorianern[1] der aggressivste Bilderstürmer. Frei von allen Illusionen prüft er alle menschlichen Werte an den Maßstäben der Vernunft, verweist auf ihre Mängel und macht sie lächerlich, wenn sie ihm als unzureichend erscheinen, ganz gleich, ob es sich um Ehe und Liebe, Heldentum, Sozialismus und Demokratie, Nationalismus, Moral, Medizin oder Theologie handelt. Er misstraut den Gefühlen und räumt ihnen nur einen unbedeutenden Platz im menschlichen Leben ein. Das Übergewicht des Rationalen und die Verachtung des Gefühlsmäßigen kennzeichnen Shaws Einstellung. Die Typen, die er auf die Bühne bringt, spiegeln vielfach sein eigenes Wesen wider; auch

---

1 „Viktorianisches Zeitalter" (1837-1901) – mit seinem ausgeprägten Sittenkodex und einem weitgehend geschlossenen bürgerlichen Weltbild wurde zur großen Herausforderung für G. B. Shaw u. a., z. B. H. G. Wells.

die Gestalt des Professors Higgins in der Komödie „**Pygmalion**" hat die Züge des Dichters mitbekommen; die Kontaktarmut zwischen Mutter und Sohn, den Mangel an konventionell geforderten Manieren und eine gewisse Gefühlskälte und Herzlosigkeit.

Im Jahre 1884, mit achtundzwanzig Jahren, schließt sich Shaw der Fabian-Society an, einem Bund sozialer Reformer, die nach einer Veränderung der bestehenden gesellschaftlichen Verhältnisse trachten. Seit dieser Zeit beginnt Shaw sich auch schriftstellerisch und rednerisch zu betätigen. Er schreibt fünf Romane, hat aber mit diesen keinen Erfolg. 1895 wird er Theater- und Musikkritiker der "Saturday Review" und amüsiert und schockiert nun viele Jahre lang die englische Öffentlichkeit mit seinen originellen, witzigen und geistreichen Bemerkungen. Shaw liest und studiert in dieser Zeit viel; seine Arbeitsstätte ist der Lesesaal des Britischen Museums. Er schreibt seine ersten Bühnenwerke, muss ihnen aber, weil die Theater sich nicht zu Aufführungen entschließen können, lange Vor- und Nachworte, in denen er seine Absichten erklärt, und ausführliche Bühnenanweisungen beigeben. Seine erste Komödie „Die Häuser des Herrn Sartorius" (1892) hat noch wenig Erfolg; erst „Der Teufelsschüler" (1897) bringt den Durchbruch.

Von nun an schreitet Shaw von Erfolg zu Erfolg; er wird einer der meistgespielten europäischen Autoren und erhält 1926 den Nobelpreis. Seine grimmige, bärbeißige, von einem scharfen, sarkastischen Humor gekennzeichnete Art haben ihn zu einer markanten, unter der Bezeichnung Mr. G. B. S. bekannten Persönlichkeit gemacht. In ungewöhnlicher geistiger Frische stirbt er im Alter von vierundneunzig Jahren als Millionär auf seinem Gut Ayot St. Lawrence in der Nähe von London.

Obwohl Shaw zu den weltberühmten Bühnendichtern aufrückte, war es ihm nicht in erster Linie um Kunst und Dichtung zu tun. Er wollte viel mehr als revolutionärer Rebell seine sozialistischen (nicht marxistischen) Ideen verkünden und durchsetzen. Seine Theaterstücke waren nicht Selbstzweck, sondern Mittel zum Zweck. Seinen Bühnen- und Dichterruhm erreichte Shaw gewissermaßen nebenher.

– Wir fassen das mit einem längeren Zitat aus H. Kosok zusammen:

„Als vorrangige Aufgabe seiner Stücke sah Shaw es an, die Schranken des konventionellen Dramas im Bereich der Themen, der moralischen Normen und Wertungen und der dramatischen Formen niederzureißen. Die Bühne war für ihn eine Kanzel für Propaganda und Diskussion. Er wandte sich gegen die vier bestimmenden Strömungen des damaligen Theaters: gegen das Spektakuläre auf der Bühne, gegen den oberflächlichen Bühnenrealismus der Robertson-Schule, gegen die Unaufrichtigkeit der „Pinerotic" problem plays und gegen das „Sardoodledom" des well-made play in der Nachfolge Sardous und Scribes. Er setzte dafür ein Drama, das nicht an Handlungen schlechthin, sondern an deren Motiven interessiert ist; auch lag ihm mehr daran, das Leben zu interpretieren, als es mit einem photographischen Realismus abzubilden; weiterhin wollte er nicht vorgegebene Ideale, d. h. Konventionen in seinen Dramen bestätigen, sondern sie perspektivisch beleuchten und hinterfragen; und schließlich glaubte er, dass die Ideen seiner Charaktere für sich schon interessant seien und nicht des Verwirrspiels eines plot bedürften. Allgemein wollte er die im 19. Jahrhundert besonders tiefe Kluft zwischen Literatur und Theater überbrücken. Hierfür bediente er sich aber nicht der Gattung des Lesedramas in Blankversen, wie es die Dichter der Romantik getan hatten, sondern des Materials des populären Dramas seiner Zeit. So bestätigte er auch in seinem dramatischen Schaffen das Credo des Fabiers, indem er die allmähliche Veränderung des Bestehenden mit Hilfe der Strategie der *permeation* der übergangslosen Revolution vorzog…"[2]

Mindestens ebenso wichtig wie seine Dramen waren ihm – und sie sind das auch für das Verständnis Shaws – die langen und grundsätzlichen Vorreden, Nachworte, Aufsätze und Erläuterungen zu seinen Stücken. In ihnen setzt er seine Weltsicht auseinander. Hier zeigt er

---

2   Vgl. J. Wolter in H. Kosok (Hg.), S. 41-53. – Hier und in den weiteren Angaben beschränken wir uns jeweils auf Kürzesthinweise zur Fundstelle. – Ausführliche Angaben sind dem Literaturverzeichnis zu entnehmen.

den geistigen Hintergrund seiner Werke, so z. B. seine Ansicht über das Christentum (Einleitung zu „Androklus und der Löwe"), über den Konflikt zwischen den gesetzten Autoritäten und der freien Persönlichkeit (bedeutende Vorrede zur „Heiligen Johanna").

Shaw war nüchtern, sarkastisch (spöttisch), bar jeglicher „romantischer" Anwandlungen. Aber er war ein Fanatiker der Wahrheit, ein „Maskenabreißer und Heldenentblößer". Seine Art zu scherzen bestand darin, die Wahrheit zu sagen. Nach Shaws Ansicht ist das ohnehin der lustigste Scherz der Welt. Sein katholischer Landsmann Chesterton hat von ihm gesagt, seine Seele zeige „die Keuschheit und Heftigkeit Irlands".

Seine Dramen sind Erzeugnisse eines kühlen Verstandes. Sie sind nicht mit „Herzblut" geschrieben, sondern mit der kritischen Lust eines Abstand haltenden Gehirns und mit zeitbestimmten Absichten – wohl mit einer großen Ausnahme, der „Heiligen Johanna". Sein Ziel war der vernünftige, urteilsfähige, freie Fortschrittmensch gegenüber einer starren bürgerlichen Gesellschaftsordnung – ein Liberalismus, der heute weithin verwirklicht zu sein scheint. Daher mag es kommen, dass Stücke Shaw's, trotz Geistreichtums im Einzelnen, als Ganzes nicht mehr die einstige Frische und Aggressivität haben.

Immerhin erfreuen und bereichern wir uns auch heute noch an Stücken wie „Frau Warrens Gewerbe" (1893; Scheinheiligkeit der Gesellschaft), „Candida" (1894, Überlegenheit einer mütterlichen Frau über einen angeberischen Mann), „Cäsar und Cleopatra" (1898; Enthistorisierung dieser Liebesgeschichte zu einem Spiel zwischen dem überlegenen „alten Herrn" Cäsar und der listigen 16jährigen Cleopatra);

„Der Teufelsschüler" (1897; moralischer Sieg eines „Immoralisten" über die Moralisten), „Kapitän Brassbounds Bekehrung" (1899; Sieg weiblicher Güte über männliche Starrheit); „Major Barbara" (1905; traurige Erfahrung einer Millionärstochter und Heilsarmeemajorin, dass die Unmoral immer siegt);

„Der Arzt am Scheideweg" (1906; Satire auf die Berufsmoral der Ärzte); „Pygmalion" (1913; Satire auf einen Philosophieprofessor, der vor lauter Gescheitheit beinahe das menschliche Herz übersieht), „Der Kaiser von Amerika" (1929; Spott über falsche Formen der Demokratie und ihr Versagen vor der überlegenen Persönlichkeit);

„Helden" (1894; Sieg des schweizerischen Pralinésoldaten Bluntschli über falsche Heldenromantik), „Androklus und der Löwe" (1912; eine recht frivole Entheroisierung christlichen Märtyrertums). Ein „Werk von wahrhaft genialer Gerechtigkeit" hat Th. Mann die dramatische Chronik „Die heilige Johanna" (1923) genannt.

Hier erhebt sich der fast 70jährige Shaw eindeutig über das bloß Sozialkritische und Zeitgeschichtliche ins allgemein Menschliche. Es geht um die bedauerliche Wahrheit, dass im Leben das Außerordentliche dem Ordentlichen immer im Wege ist und dass das Gewöhnliche dem Außergewöhnlichen zwangsläufig gram sein muss. Das Große, Eigenwillige, Heilige hat keinen Platz auf Erden. Das schöne Stück gehört zu den meistgespielten auf den Bühnen Europas.

Eine Interpretation der dramatischen Chronik „Die heilige Johanna" von Bernard Shaw findet sich in dem Buch von Edgar Neis, „Interpretationen motivgleicher Werke der Weltliteratur", C. Bange Verlag Hollfeld, in dem auch die anderen Gestaltungen des Johanna-Stoffes zum Vergleich herangezogen werden.[3]

---

3   Mit "Saint Joan" als epischer Tragödie setzt sich S. J. Solomon in einem Essay auseinander. In: Englische Literatur von Wilde bis Beckett, S. 48-62.
Verwiesen sei auch auf Band 187 der Reihe Königs Erläuterungen: Bertolt Brecht, „Die heilige Johanna der Schlachthöfe" und W. Brettschneider, „Die Jungfrau von Orleans im Wandel der Literatur", C. Bange Verlag, Hollfeld.

1.2 Zeittafel

Shaws Leben reichte aus der Mitte des vergangenen Jahrhunderts bis genau in die Mitte **unseres** Jahrhunderts, ein langes und erfülltes Leben, kaum nachvollziehbar in seinen kleinen und großen Begebenheiten im Alltäglichen wie im Außergewöhnlichen.

Jeder Versuch, dieses ausgefüllte Leben auf wenige Daten zu reduzieren, muss als „strafbar" gelten im Sinne einer fahrlässigen Unterlassungssünde. Doch wie soll man mit der ungewöhnlichen Biographie eines außergewöhnlichen Menschen im Rahmen eines bescheidenen Erläuterungsbandes anders umgehen? Der Zweck, eine gedrängte und zugleich objektive Information zu geben, soll erfüllt werden. Dem Leser soll es ermöglicht werden, sich gewissermaßen an einer Zeitliste entlangzuhangeln und einige wichtige Daten sowie Fakten präsent zu haben.

Doch was im Leben eines solchen Menschen ist **unwichtig** aus der Fülle dessen, was man über ihn weiß? Was empfindet der Leser als wichtig und bedeutsam, was erwartet er demzufolge? Was wiederum erscheint dem Autor zentral und unbedingt mitteilenswert? Nicht zwangsläufig sind die Erwartungen des einen und die Entscheidungen des anderen deckungsgleich.

Wir haben uns entschlossen, Shaws Leben und Schaffen **ausschnitthaft** in Beziehung zu setzen und zu den **bedeutenden geistig-weltanschaulichen und gesellschafts-politischen Strömungen eines ganzen Jahrhunderts (1850-1950).** Wenn wir auch hierbei (notwendigerweise) fragmentarisch bleiben müssen, so erscheint uns diese Information im Rahmen einer „Zeittafel" objektiv genug, um dem Leser die Bindung des Menschen, Künstlers und kritischen Zeitgenossen George Bernard Shaw an seine Zeit zu vergegenwärtigen. Vollständigkeit der Daten und Fakten konnte nicht angestrebt werden, wohl aber akzentuierte Hinweise auf Zusammenhänge.

Wir folgen dabei der authentischen Biographie **Hesketh Pearsons,** die wir dem Leser zur Nach-Lektüre empfehlen, wenn er sich nicht scheut, den mit vielen persönlichen Reminiszenzen des Biographen unterstrichenen Details aus dem Leben Shaws geduldig nachzugehen.

1856	**George Bernard Shaw am 26. Juli in Dublin geboren.**	
1857		Beginn der ersten Weltwirtschaftskrise
1859		„Zur Kritik der politischen Ökonomie" (Karl Marx) Polnischer Aufstand
1863		Ferdinand Lassalle: Gründung des Allgemeinen Deutschen Arbeitervereins
1864		Tod F. Lassalles im Duell (31.8.)
		Erste Sozialistische Internationale in London (28.9.)
1865	Aufenthalte der Familie Shaw in Dalkey	
1866	Schulbesuch Shaws in Dublin ("Wesley College", ehemals "Wesleyan Connexional School")	
1867		Weltausstellung in Paris „Kapital" Band 1, Band 2 und Band 3 zwischen 1885 und 1894 (Karl Marx)
1869		Gründung der deutschen „Sozialdemokratischen Arbeiterpartei" in Eisenach durch Wilhelm Liebknecht und August Bebel
1870		Wladimir Iljitsch Uljanow (Lenin) wird am 22. April geboren. Gesetz zur Ein-

		führung der allgemeinen Schulpflicht in England
1871	Shaw Angestellter bei Ch. U. Townshend, einem Grundstücksmakler, in Dublin	Aufstand der Pariser Kommune
1872	Trennung der Familie: G. B. Shaw und sein Vater ziehen in die Harcourt Street (Dublin); die Mutter geht nach London	
1873		Weltausstellung in Wien
1875		Gründung der „Sozialistischen Arbeiterpartei Deutschlands" Streikrecht für Englands Gewerkschaften
1876	G. B. Shaw zieht zu seiner Mutter nach London	
1878	Verbot sozialistischer Versammlungen, Vereinigungen und publizistischer Betätigung in Deutschland („Sozialistengesetze")	
1879	Shaw wird Angestellter bei der "Edison Telephone Company" in London; Rednertätigkeit in der Öffentlichkeit	
	Roman: "Immaturity", der keinen Verleger findet.	
	Arbeit an **weiteren Romanen,** u. a. "The Irrational Knot" (veröffentlicht ab 1885)	

1881	London erlebt eine Pocken-epidemie; Shaw wird krank **Romane:** "Love Among the Artists" und "Cashel Byron's Profession"	Zar Alexander bei einem Bombenattentat getötet
1882	Maßgeblicher Einfluss des Sozialisten Henry George auf Shaw; Auseinandersetzung mit dem Gedankengut Karl Marx'.	James Joyce in Dublin geboren (2. Februar)
1883	**Roman:** "An Unsocial Socialist" Gründung der "Fabian Society"; sie hat zum Ziel, wirtschaftliche und gesellschaftliche Reformen in England zu realisieren.	Tod Karl Marx' in London (14. März)
1884	Shaw wird Mitglied der "Fabian Society"	
1885	Tod des Vaters; Rede vor der "Fabian Society"; Shaw ist Buchrezensent, Kunst- und Theaterkritiker.	
1887		Unruhen in London und Irland; Massenversammlung der Arbeiter und Sozialisten in London (13. November – „Blutsonntag")
1889	Herausgabe der "Fabian Essays" durch G. B. Shaw	Pariser Weltausstellung; der Eiffelturm (nach seinem Erbauer benannt) wird das Wahrzeichen von Paris

1890	Fortgesetzte Tätigkeit als (Musik-)Kritiker	Aufhebung der „Sozialistengesetze" in Deutschland.
1891	Shaw in Venedig	
1892	**"Widowers' Houses"** uraufgeführt (9. Dezember)	
1893	**"Mrs. Warren's Profession"**, bis 1924 in England verboten.	Die "Independent Labour Party" Großbritanniens wird gegründet.
1894	**"Candida"**, 1897 in Aberdeen uraufgeführt " **"Arms and the Man"** (Uraufführung: 21. April)	
1895	Erfolgreiches Jahr: Tätigkeit als Bühnenautor und Kritiker. **"The Man of Destiny",** 1897 in Croydon uraufgeführt; **"You Never Can Tell",** uraufgeführt 1899	
1897	Shaw Abgeordneter im Londoner Bezirk St. Pancras. **"The Devil's Disciple",** uraufgeführt in New York	Der amerikanische Volkswirtschaftler H. George stirbt in New York
1898	**"Caesar und Cleopatra";** Eheschließung mit Charlotte Payne-Tonwshend (1. Juni)	Tod Bismarcks (30. Juli)
1899	**"Captain Brassbound's Conversation";** Kreuzfahrt durch das Mittelmeer.	
1900		Gründung der "Labour Party" (= "Labour Representation Committee")

1901	Umzug nach St. Catharine's (Guildford); Arbeit an **"Man and Superman"** (1903 veröffentlicht und am 21. Mai 1905 uraufgeführt).	In Amsterdam wird der „Internationale Gewerkschaftsbund" gegründet
1903	Shaws Werke in Deutschland veröffentlicht	
1904	**"John Bull's Other Island"** am 1. November uraufgeführt; Die Shaws ziehen nach Hertfordshire (Harmer Green, Welwyn).	
1905	Die Shaws ziehen in ein Landhaus ("Shaw's Corner") in Ayot St. Lawrence (Hertfordshire). – Irlandreise	
1906	**"The Doctor's Dilemma"** am 20. November uraufgeführt	Erste russische Revolution
1907	**"Dramatic Opinions and Essays".**	
1908	**"Getting Married",** Besuch Shaws in Bayreuth	
1909	**"Misalliance";** Shaw in Algerien.	
1910	**"The Dark Lady of Sonnets";**	Streiks in Großbritannien
1911	**"Fanny's First Play";** G. B. Shaw wird Mitglied der "Royal Society of Literature".	
1912	**"Androcles and the Lion",** am 1. September 1913 uraufgeführt.	

1913	**"PYGMALION";** Tod der Mutter; Shaw auf Reisen durch Irland, Deutschland und Frankreich; Bekanntschaft mit der Schauspielerin Stella Patrick Campbell.	
1914	**"PYGMALION"** erstmals in der Originalfassung (11. April)	**Beginn des 1. Weltkrieges**
1917		**Russische Revolution**
1918		**Friede von Brest-Litowsk**
1919	"Heartbreak House"	**Karl Liebknecht und Rosa Luxemburg ermordet. Erster Kongress der „Komintern" (Kommunistische Internationale) in Moskau.**
1920	**"Back to Methuselah";** Tod der Schwester Lucy	
1921		Irland wird "Irish Free State" (6. Dezember)
1922	**"Back to Methuselah";** am 27. Februar in New York uraufgeführt.	
1923	**"St. Joan"** am 28. Dezember in New York uraufgeführt (englische Erstaufführung am 26. März in London).	
1925	**Nobelpreis für Literatur** an George Bernard Shaw;	
1926	Kritischer Gesundheitszustand	Erneute Streiks in Großbritannien
1927		Genfer Weltwirtschaftskonferenz

1928	"The Intelligent Woman's Guide to Socialism and Capitalism"	
1929		„Schwarzer Freitag" (25. Oktober) an der New Yorker Börse **Große Weltwirtschaftskrise**
1930	Shaws „Gesammelte Werke"	
1931	Aufenthalt in Berlin; Russlandreise.	Sir O. Mosley gründet eine faschistische Bewegung in England
1932	Reise nach Südafrika;	
1933	**"On the rocks"; "A Village Wooing"** Reise Shaws in die USA; Rede in der "Metropolitan Opera".	Ermächtigungsgesetz in Deutschland (24. März). Verbot der Gewerkschaften; Auflösung der Parteien in Deutschland.
1934	**"The Six of Calais";** Shaw auf Weltreise.	
1935	**"The Millionairess"**	
1936/ 1939		**Spanischer Bürgerkrieg**
1938	Verfilmung von "PYGMALION"; Shaw wird krank.	„Reichskristallnacht" in Deutschland (9. November)
1939/ 1945	**"In Good King Charles Golden Days";** "Shaw Gives Himself Away"; "Uncommonsense About War"	**Beginn des 2. Weltkrieges**
1940		Tod Stella Patrick Campbells.

1943	Tod Charlotte Shaws.	
1944	**"Everybody's Political What's What"**	Attentat auf Hitler schlägt fehl (20. Juli)
1945		Gründung der „Vereinten Nationen" (25. April) Die USA werfen über Hiroshima und Nagasaki Atombomben ab.
1946	Deutsche Gesamtausgabe der Werke Shaws	
1947		„Marshallplan" der USA zum Wiederaufbau Europas
1949	George Bernard Shaw versteigert in London seinen beweglichen Privatbesitz.	
1950	Nach einem Unfall muss G. B. Shaw ins Krankenhaus. Er kehrt noch einmal in sein Haus nach Ayot St. Lawrence zurück. **G. B. Shaw stirbt am 2. November.**	Europäische Konvention zum Schutz der Menschenrechte und Grundfreiheiten.

2. PYGMALION – MYTHE UND MUSICAL

Die Mythe von König Kypros, der sich in eine Elfenbeinstatue, die er selber geschaffen hat, verliebt und die von der Göttin der Liebe, Aphrodite, zum Leben erweckt wird, hat als Urmotiv in vielerlei Variationen Gestalt gefunden. Die Prometheus-Gestalt der Sturm- und Drang-Zeit, Eichendorffs „Marmorbild", Gottfried Kellers Eugenia der „Sieben Legenden", ja selbst Max Frischs „Stiller" lehnen sich an das Motiv in loser thematischer Form an.

Shaws „Pygmalion" geht auf die älteste Darstellung des Stoffes in Ovids „Metamorphosen" zurück, jenes Hauptwerk des von 43 v. Chr. bis 17 n. Chr. lebenden römischen Dichters, dessen fünfzehn Hexametergesänge zahlreiche Verwandlungssagen von der Entstehung der Welt bis zur Erhebung Caesars in ein Gestirn in poetischer Weise und großer Formgewandtheit darstellen.

Als Ovid im Jahre 8 n. Chr. aus nicht genau bekannten Gründen von Kaiser Augustus nach Tomi (Konstanza) am Schwarzen Meer verbannt wurde – ein Schlag, der den Dichter des weltstädtischen Rom unerhört schwer traf, – verbrannte er seine Werke, darunter die „Metamorphosen". Zum Glück gab es Abschriften von ihnen, die seine Zeitgenossen, bei denen Ovid überaus beliebt war, angefertigt hatten. Stolz konnte er, auch als nach seiner Verbannung seine Werke aus den öffentlichen Bibliotheken entfernt wurden, von sich bekennen: „Et in toto plurimus orbe legor" („Ich bin der Meistgelesene in der ganzen Welt").

Im Zehnten Buch der „Metamorphosen" findet sich die Pygmalion-Sage, die wir hier in der Übersetzung von Thassilo von Scheffer wiedergeben:

Pygmalion

Weil Pygmalion sah, wie sie so schändlich ihr Leben
Führten, wollt er, geschreckt durch diese Laster, die vielfach

Grade den Weibern eigen, nun ehelos ohne Gemahlin
Leben, und lange teilte er drum mit keiner das Lager.
Kunstvoll formt er indessen geschickt und bewundernswürdig
Schneeiges Elfenbein und gibt ihm Formen, wie niemals
Herrlich ein Weib gelebt, und liebend beschaut er sein Kunstwerk.
Eine Jungfrau ist es, so wahr, als wäre sie lebend,
Und als ob nur Scham sie hindere, sich zu bewegen.
So verbarg sich denn Kunst in Kunst. Pygmalion selber
Staunt, und das Bildnis des Leibes erregt in ihm ein glühend
Entzücken.
Manchmal prüft seine Hand das Werk, ob es lebender Körper,
Ob es Elfenbein sei: doch glaubt er dieses auch dann nicht.
Küsse gibt er und wähnt sie erwidert und spricht und umarmt sie,
Glaubt, daß weich in die Haut sich die tastenden Finger versenken,
Fürchtet auch wohl, es könnten vom Druck die Glieder sich röten.
Bald auch schmeichelt er ihr und bringt ihr Geschenke, wie
Mädchen.
Ihrer sich freuen, Muscheln und runde Kiesel und kleine,
Niedliche Vögel dazu und tausendfarbige Blumen,
Lilien, bunte Bälle und von den Bäumen geweinte
Tränen der Heliaden; er schmückt ihre Glieder mit Kleidern,
Ziert ihren Hals mit langen Geschmeiden, die Finger mit Ringen:
Kleine Perlen enthängen den Ohren und Kettchen am Busen;
All das ziert sie, doch scheint sie nackend nicht weniger lieblich,
Legt sie auf einen Pfühl, gefärbt von sidonischen Schnecken,
Nennt sie Lagergenossin, und, gleich als ob er es fühle,
Bettet er ihren Nacken gestreckt auf flaumige Daunen.
Venus heiliger Tag, die festlichste Feier auf Kypros,
Nahte, und ganz mit Gold die gebogenen Hörner umkleidet,
Sanken die jungen Kühe, getroffen im schneeigen Nacken.
Weihrauch dampfte empor. Pygmalion, als er geopfert,
Stand am Altare voll Furcht und sprach: „Da Götter ja alles
Geben könne, erfleh ich zum Weibe"; (nicht wagt er zu sagen:
„Elfenbeinerne Jungfrau") er sagt nur: „eine ihr ähnlich".

Aber die goldene Venus, die selbst dem Feste genaht war,
Fühlte des Flehens Sinn, und als ein freundliches Zeichen
Flackerte dreimal züngelnd und hell in die Lüfte die Flamme.
Wie er daheim, begibt er sich gleich zu dem Bilde des Mädchens,
Neigt sich über das Lager und küßt sie: sie scheint zu erwarmen.
Wiederum naht er dem Munde und befühlt mit den Händen den Busen;
Weich wird unter der Hand das Elfenbein, mildert die Härte,
Schmiegt sich den Fingern an so fügsam, wie Wachs des Hymettus
An der Sonne erweicht und unter dem bildenden Daumen
Vielfach sich gestaltet und brauchbar durch den Gebrauch wird.
Staunend, voll Zweifel auch, mit Bangen und Täuschung befürchtend,
Faßt er mit liebender Hand die Ersehnte wieder und wieder,
Körper ward sie, schon fühlt der Daumen das Schlagen der Adern.
Da nun richtet sich beglückt an Venus der paphische Heros
Danküberströmende Worte und preßt nun endlich die Lippen
Nicht auf ein Lippengebilde, und die erhaltenen Küsse
Fühlt die Jungfrau, errötet und scheu zum Lichte die lichten
Augen erhebend, erblickt mit dem Himmel sie auch den Geliebten.
Schon erscheint zu dem Bund, dazu sie verholfen, die Göttin,
Und als die Hörner des Mondes zum neunten Male sich runden,
Bringt sie den Paphos[4] zur Welt. Von ihm trägt die Insel den Namen.

---

4   Paphos: antike Stadt an der Westküste der Insel Cypern, berühmt durch ein
    Aphroditeheiligtum. Im Jahre 1972 hat man im Tempelbezirk ein spätrömisches
    Gebäude mit einem wundervollen Triclinium-Mosaikfußboden ausgegraben, dessen
    Bildfeld eine Begegnung Ledas mit dem Schwan wiedergibt. Es wird vermutet, dass
    noch weitere Darstellungen aus der griechischen Mythologie gefunden werden; die
    Ausgrabungen werden durch das Deutsche Archäologische Institut mit Unterstützung
    der Universität Zürich fortgesetzt. Der einzige Versuch planmäßiger Grabungen in
    diesem bedeutendsten antiken Aphrodite-Heiligtum liegt neunzig Jahre zurück. Jetzt
    soll der gesamte Tempelbereich der Aphrodite freigelegt werden.

Es verging aber beinahe ein halbes Jahrhundert, ehe sich das Musiktheater der Shaw-Komödie „Pygmalion" annahm, und A. Lerner/ F. Loewe sich zu dem hinreißenden Musical "My Fair Lady" inspirieren ließen.[5]

Mit "Kiss me, Kate" (C. Porter), "Irma La Douce" (M. Mennod), "Westside Story" (L. Bernstein) und "Hair" (G. Mac Dermot) gehört "My Fair Lady" zu den Klassikern des modernen Musik-Theaters. Das Musical weicht – mit einigen Zugeständnissen an den Hörer/Zuschauer – inhaltlich etwas von der Shaw-Komödie ab, konzentriert sich auf die (anfänglich komische) Liebesbeziehung Elizas und Higgins' und verwöhnt den Musikliebhaber mit einer Reihe unsterblicher Songs wie „Ich hätt' getanzt heut nacht" oder „Es grünt so grün, wenn Spaniens Blüten blühn..." Die beiden Akte des Musicals enthalten insgesamt 19 Gesangspartien / Lieder, von denen einzelne wiederholt werden. Neben den beiden erwähnten (engl.: "I could Have Danced All Night" / "The Rain in Spain") sind als *unsterblich* in die Musikliteratur eingegangen: "Would It Be Loverly?"/ "Why Can't the English?" / "Just You Wait" / "Without You".

Dies ist knapp zusammengefasst der Inhalt des Musicals (vgl. ausführlicher dazu Kapitel 3.1, Inhalt des „Pygmalion"):

Eliza Doolittle, ein einfaches Bauernmädchen aus London, erträumt sich in aller Bescheidenheit ein besseres Leben, ein wenig Wärme nur, ein wenig Luxus. Um in einem feineren Blumengeschäft arbeiten zu können, müsste sie vor allem eine kultiviertere Sprache mitbringen. Sie macht zufällig die Bekanntschaft eines gewissen Prof. Higgins, **der Kapazität** für Phonetik. Sie will bei ihm Sprachunterricht nehmen.

Higgins ist fasziniert von der Idee und schließt mit seinem Freund, dem Oberst Pickering, eine Wette ab, dass es ihm gelingen würde, die Gossensprache des Mädchens kürzester Zeit in ein vornehmes Englisch umzuwandeln. Tatsächlich schafft es Eliza, den Satz „...es

---

5   E. Lerner/F. Loewe. My Fair Lady. London 1955 (Uraufführung: 15.3.1956 New York – deutsche Erstaufführung: 25.10.1961 Berlin).

grünt so grün..." fehlerlos und vornehm auszusprechen, so dass Higgins es wagt, sie mit der besten Londoner Gesellschaft zu konfrontieren, um seinen Unterrichtserfolg zu kontrollieren. Niemand der Anwesenden merkt, dass Eliza keine „Lady" ist.

Unglücklicherweise hat sich Eliza in den Professor verliebt, der die Gefühle des Mädchens in seinem Eifer und Bemühen um einen Wetterfolg gar nicht wahrnimmt. Schließlich verliebt aber auch er sich in seine "fair lady". – Der Schluss allerdings bleibt offen.

3. DIE ROMANZE[6)]

3.1 Gang der Handlung

Erster Akt (5-15)

Unter dem Portal der Sankt Pauluskirche in London, wo schon mehrere Leute beisammenstehen, suchen um elf Uhr fünfzehn nachts eine Dame (Frau Eynsford Hill) und ihre Tochter (Clara) Zuflucht vor einem heftigen Sommerregen. Ein Mann im Hintergrund macht sich Notizen und scheint sich mehr für diese als für den Regen zu interessieren.

Frau Eynsford Hill wartet auf ihren Sohn Freddy, der in den Regen hinausgelaufen ist, um ein Taxi zu besorgen. Als er unverrichteterdinge zurückkehrt, wird er mit Vorwürfen überschüttet; er eilt nochmals davon. Dabei stößt er mit einem Blumenmädchen zusammen, das, Obdach suchend, hereinstürmt, und schlägt ihr versehentlich den Korb mit Blumen aus den Händen. Frau Eynsford Hill entschädigt das Mädchen mit einem Schilling (7).

Ein älterer Herr von liebenswürdigem militärischen Typus stellt sich, gleichfalls Schutz vor dem Regen suchend, unter. Das Blumenmädchen bietet ihm eine Blume an, wird aber ängstlich, als sie bemerkt, dass der Mann im Hintergrund jedes Wörtchen aufschreibt, das sie spricht. Sie hält ihn für einen Spitzel oder Detektiv; die Anwesenden nehmen gegen den „Aufschreiber" eine drohende Haltung ein. Als dieser jedoch allen Anwesenden auf den Kopf zusagt, woher sie stammen, hat er die Lacher auf seiner Seite. Gekränkt über die

---

6   Entstanden im Spanien des 14./15. Jahrhunderts als das in der romanischen Volkssprache Gedichtete, steht hier der Begriff „Romanze" für die durchaus alltägliche Geschlechterbeziehung Mann-Frau (Higgins-Eliza), auch ohne „verkitschtes" Happy End. – Vgl. Nachwort zu „Pygmalion", S. 89

Wendung zugunsten des Notizenmachers, macht das Blumenmäd-chen ihren verwundeten Gefühlen Luft und wirft dem Notizenmacher Beleidigungen und Ehrabschneidung vor.

Inzwischen hat der Regen aufgehört. Frau Eynsford Hill und ihre Tochter verlassen das Obdach. Der Notizenmacher entpuppt sich als der bekannte Phonetiker Henry Higgins, der ältere Herr als Oberst Pickering, Verfasser des „Gesprochenen Sanskrit", der aus Indien herbeigeeilt ist, um Henry Higgins kennen zu lernen. Higgins erklärt: „Einfach Phonetik. Die Wissenschaft der Aussprache. Mein Beruf und auch mein Hobby." (13)

Zwischen den beiden Phonetikern kommt es zu einer Art Wette. Henry Higgins behauptet, indem er auf das Blumenmädchen deutet: „Hören sie nur mal dieses Geschöpf mit seinem Gassenjargon, einer Sprache, die sie lebenslänglich in der Gosse festhalten wird..." (14).

Freddy stürzt herein. Er hat ein Taxi aufgetrieben, muss aber feststel-len, dass seine Mutter und Schwester nicht mehr da sind. Das Blumenmädchen, das eben noch bettelte, man möge ihr eine Blume abkaufen, weil sie sonst ihre Miete nicht bezahlen könne, fährt mit dem Taxi nach Hause. (14)

Zweiter Akt (16-41)

Wir befinden uns im Laboratorium von Professor Higgins in Wimpole Street. Oberst Pickering besichtigt das phonetische Instrumentarium Henry Higgins', der einhundertunddreißig verschiedene Vokale unter-scheiden kann. Während Pickering und Higgins noch im Gespräch sind, erscheint Higgins' Haushälterin, Frau Pearce, und meldet ein junges „Frauenzimmer" an, das Higgins sprechen will. Es ist das Blumenmädchen, das gekommen ist, um bei Professor Higgins Stun-den zu nehmen. Ihr Wunsch ist es, ein Fräulein in einer Blumenhand-lung zu werden, statt an der Ecke von Tottenham Court Road Blumen zu verkaufen. Das aber würde ihr nicht möglich sein, meint sie, ehe sie nicht „nobler" sprechen kann. Higgins habe gesagt, er könne sie das lehren. Und nun biete sie ihm einen Schilling für die Stunde. (20)

Pickering erinnert Higgins an seine Behauptung, das Mädchen bei der Gartenparty eines Botschafters als Herzogin vorstellen zu wollen. Er erklärt sich bereit, für die Kosten der Unterrichtsstunden aufzukommen. Higgins will auf das Experiment eingehen und in sechs Monaten aus dem schmutzigen Straßenmädel eine Herzogin machen. Er beauftragt Frau Pearce, das Mädchen zu waschen und neu einzukleiden. Die raue, fast herzlose Art, in der Higgins mit dem Blumenmädchen umgeht, veranlasst Pickering zu der Bemerkung: „Kommt Ihnen nicht der Gedanke, Higgins, das Mädchen könnte auch etwas empfinden?" (25) Liza Doolittle – das ist der Name des Mädchens – stimmt zu: „Und ob ich wo was empfinden kann! Soviel als wie jeder." (25) Higgins setzt ihr nun auseinander, wie er sich ihre Erziehung denkt. Eliza aber will nicht Herzogin werden, sie will weder in den Buckingham Palast noch zum König, sie will ein „braves" Blumenmädchen bleiben und in einem Blumengeschäft eine Stellung finden. Frau Pearce, nachdem sie Eliza hinausgeleitet hat, kehrt zurück und bittet Higgins, seinen Ton Eliza gegenüber zu mäßigen. Da erscheint der Müllkutscher Alfred Doolittle, (31) Elizas Vater. Higgins, im Glauben, dieser wolle ihn erpressen, will ihm seine Tochter mitgeben. Alfred Doolittle liegt nichts daran, Eliza wieder mit sich zu nehmen. Er ist aber zu einem Vergleich bereit und schwatzt Higgins auf geschickte Weise schließlich eine Fünfpfundnote ab. Higgins überreicht Doolittle das Geld, das dieser eilig entgegennimmt. Er wendet sich zum Gehen, trifft aber in der Tür mit seiner „gewaschenen" und in einen japanischen Kimono gekleideten Tochter zusammen. Doolittle ist überrascht, wie gut Liza aussieht. Nichtsdestoweniger sagt er zu Higgins: „Wolln Sie ihrm Geist förderlich sein, bleun Sie's ihr mit'm Riemen ein..." (40) Liza wünscht ihren Vater niemals wiederzusehen. Er sei eine Schmach für sie. Sie möchte sich gerne in ihren neuen modernen Kleidern an der Ecke von Tottenham Court Road zeigen, um die Mädels dort zu ärgern. Frau Pearce meldet, dass die neuen Sachen gerade angekommen seien und Eliza sie anprobieren müsse. Während diese heulend hinausstürzt, bemerkt Higgins: „Da haben wir uns ja was Schönes eingebrockt, Pickering." (41)

Zu diesem Schluss dieses zweiten Aktes bemerkt Kurt Otten: „Als Mrs. Pearce die widerstrebende Eliza aus der Tür zieht, ist ihre Auflehnung vollkommen. Sie stellt ihr Ich in einer Mischung von Trotz und Weinerlichkeit Higgins entgegen, aber ein Blick auf den Stil lehrt, daß sich ihr Ich stärker in der Auflehnung der Gegenwart manifestiert als in der sentimentalen Erinnerung. Die Entwicklung zur Göttin hat begonnen. An diesem Punkt ist die eigentliche Exposition zu Ende. Die äußere dramatische Entwicklung liegt fest, die innere ist angedeutet, die Hauptpersonen sind eingeführt und in ihrem Verhalten zueinander bestimmt!"[7]

Dritter Akt (42-57)

Empfangstag bei Frau Higgins, der Mutter des Professors Henry Higgins'. Unerwartet erscheint ihr Sohn und berichtet von seinem „Fund": „Ich habe ein Mädchen aufgegabelt." (43) Frau Higgins ist darüber nicht sehr erfreut, zumal als sie noch hört, dass dieses Mädchen – Eliza Doolittle – sie heute noch, ausgerechnet am Empfangstag, besuchen wird. Higgins erzählt, dass er Eliza schon „abgerichtet" habe und versucht, seine Mutter zu beruhigen.

Als erste Gäste kommen Frau Eynsford Hill und ihre Tochter Clara, die zusammen mit Higgins unter dem Portal der Sankt Paulskirche in Covent Garden vor dem Regen Schutz suchten. Higgins erinnert sich an die Stimme Claras, die er „irgendwo schon mal gehört hat." Er benimmt sich aber so, als ob er darauf wartet, dass die Angekommenen bald wieder gehen, was Frau Higgins zu der Bemerkung veranlasst: „Ich muß leider sagen, daß mein berühmter Sohn keinerlei Manieren hat." (45) Als nächste erscheinen Oberst Pickering und Freddy, dem Higgins, wie er meint, auch schon mal irgendwo begegnet ist. Higgins, der unentwegt unpassende Ausdrücke gebraucht und den Teufel im Munde führt, muss sich mehrfach Verweise seiner Mutter gefallen lassen. Endlich wird Fräulein Doolittle gemeldet.

---

7   Vgl. K. Otten in H. Oppel, S. 126-148

Higgins geht ihr entgegen, reicht ihr seinen Arm und bringt sie seiner Mutter. Eliza spricht mit pedantischer Korrektheit der Aussprache und großer Schönheit des Tones. Wie eine aufgezogene Puppe spult Eliza ihre eingelernten Konversationssätze herunter, die Higgins ihr beigebracht hat. Nichtsdestoweniger spielt sie ihre Rolle recht gut, verrät sich aber durch ihr Schlusswort: „Gehen? Ein Scheißdreck werd ich! Ich nehme ein Taxi." (51) Freddy taumelt, und Higgins bricht auf dem Sofa zusammen. Frau Eynsford kann sich an die neuen Manieren nicht gewöhnen, während ihre Tochter Clara den „neuen leichten Plauderton entzückend und ganz und gar harmlos" findet und selber gleich zum Entsetzen ihrer Mutter praktiziert (51).

Nachdem die Eynsford Hills gegangen sind, bittet Higgins seine Mutter ihm zu sagen, wie ihr Eliza gefallen habe und ob sie gesellschaftsfähig sei. Frau Higgins verneint, sieht aber aus der ganzen Sache ein neues, wesentlich schwierigeres Problem herauswachsen, nämlich das Problem, was nach dem gelungenen Experiment aus Eliza werden soll. Aber weder Higgins noch Pickering machen sich Gedanken darüber, sie meinen, es habe keinen Zweck, sich jetzt schon den Kopf zu zerbrechen. Die Frage nach der Zukunft Elizas berührt die beiden nicht, die in ihr nur ein Experimentierobjekt, nicht aber den Menschen sehen. Der Schluss des dritten Aktes bedeutet für die beiden Experimentatoren einen entschiedenen Sympathieverlust, und Frau Higgins' Vorwurf „Ihr spielt mit einer lebendigen Puppe" (54) bleibt als schwere Belastung für Higgins und Pickering stehen. Hatte er doch schon auf die frühere Frage von Frau Pearce, was aus dem Mädchen werden soll, wenn er mit dem Unterricht zu Ende sei, skrupellos geantwortet: „Gut, wenn ich mit ihr fertig bin, werfen wir sie wieder auf die Straße. Dann wird es wieder ihre Sache sein. Gar kein Problem." (25).

Die menschliche Problematik, die Higgins heraufbeschworen hat und die Frau Higgins nunmehr am Ende des dritten Aktes erneut zur Diskussion stellt, ist ihm unbegreiflich. Was aus Eliza werden soll, die ihr eigenes Milieu verlassen hat, ohne einem anderen wirklich anzugehören, kümmert Higgins und Pickering nicht: mit schallendem Gelächter verlassen sie Frau Higgins' Wohnung am Chelsea-Kai, neue Experimente erörternd, die sie mit Eliza anstellen wollen.

Vierter Akt (58-65)

Der vierte Akt führt uns wieder in Higgins' Laboratorium in Wimpole Street. Es ist Mitternacht. Higgins, Pickering und Eliza kehren von dem Gartenfest und Diner beim Botschafter und einem anschließenden Opernbesuch zurück. Eliza tritt im Theatermantel über einem wundervollen Abendkleid, mit Diamanten, einem Fächer, Blumen und allem, was dazu gehört, in den Raum. Sie ist müde, aber sie hat ihre Probe, eine Herzogin zu spielen, ausgezeichnet bestanden. Higgins hat seine Wette gewonnen; er ist mit der ganzen Sache „fertig". Während er seinen Triumph noch auskostet, starrt Eliza, an die er kein Wort des Dankes und der Anerkennung gerichtet hat, ihm nach und wirft ihm dann seine Pantoffeln an den Kopf. (60)

Diesen Vorgang hat der Kritiker Bentley als "the birth of a soul" bezeichnet. Einen Augenblick wirklicher Aufmerksamkeit zwingt ihm nur ein grammatischer Fehler Elizas ab. Liza (gebändigt durch so viel überlegene Kraft und Autorität): „Was soll aus mir werden? Was soll aus mir werden?" (61) Was Frau Pearce und Frau Higgins vorausgesagt haben, tritt nun ein. Eliza, aus ihrer angestammten Welt von Higgins herausgerissen, fühlt sich jetzt preisgegeben, an eine ungewisse Zukunft ausgeliefert: „Wohin soll ich gehen? Was soll ich tun? Was soll aus mir werden?" (62)

Diese Fragen, mit denen sie Higgins überschüttet, beantwortet er mit einem nichts sagenden Monolog über die allgemeinen Heiratschancen „anziehender" Mädchen. Eliza zwingt ihn zu konkreterer Aussage mit der Frage, was nun ihr gehöre oder nicht gehöre: die Kleider, die man ihr besorgt hat (ihre eigenen Kleider wurden verbrannt), der Schmuck, der Ring, den Higgins ihr in Brighton gekauft hat. Zum ersten Mal triumphiert Eliza über Higgins, der, in die Enge getrieben, wütend und angeblich in tiefster Seele beleidigt, den Verkannten spielt und dadurch alles verdirbt, dass er heftig die Türe zuschlägt.

Fünfter Akt (66-88)

Frau Higgins' Empfangszimmer. Ihr Sohn stürzt mit der Nachricht herein, Eliza sei durchgegangen. Frau Higgins beruhigt ihn, sich heimlich an seiner Aufregung weidend: „Das Mädchen hat jedes Recht, wegzugehen, wenn sie Lust hat." (67) Pickering tritt ein. Er hat das Verschwinden Elizas der Polizei gemeldet. Frau Higgins ist deswegen empört, Higgins aber will das Mädchen unter allen Umständen „finden". Er betrachtet sie geistig und materiell als sein Eigentum. Diesen Kampf hat er nun nach allen Seiten hin auszufechten. Die erste Machtprobe hat er gegen den nun erscheinenden Vater Elizas, den Müllkutscher Alfred Doolittle zu bestehen.

Alfred Doolittle hat sich sehr verändert. Er ist wundervoll gekleidet, trägt einen neuen, modernen Bratenrock mit einer weißen Weste und grauen Beinkleidern, eine Blume im Knopfloch, ein glänzender Zylinder und Lackschuhe vervollständigen den Eindruck. Er überhäuft Higgins mit Vorwürfen und macht ihn für seinen neuen Zustand verantwortlich. Higggins habe ihn ruiniert, sein Glück zerstört, ihn verheiratet und der Moral des Mittelstandes ausgeliefert. Durch eine Manipulation Higgins' sei er zu einer Erbschaft gekommen und zum Gentleman avanciert. Aber das gehe ihm gegen den Strich. Früher wäre er glücklich und frei gewesen, jetzt sei er gehetzt und an Armen und Beinen gefesselt. (70)

Als Frau Higgins ihm sagt, dann könne er ja jetzt auch für Eliza sorgen, ruft sie den Widerstand Henry Higgins' auf den Plan, der Eliza als sein Eigentum betrachtet, das er für fünf Pfund Doolittle abgekauft hat. Nun greift Frau Higgins nochmals ein und gibt bekannt, dass

Eliza sich bei ihr befinde. Sie macht Higgins Vorwürfe wegen seiner Undankbarkeit und seines brutalen Verhaltens Eliza gegenüber und lässt dann Eliza kommen.

Eliza tritt nun als wirkliche Dame von vollendeter Form ins Zimmer, zeigt ein verblüffend elegantes, ungezwungenes Benehmen und ist Higgins und Pickering gegenüber entschieden überlegen. Sie hat ihre Sicherheit und Selbstachtung wiedergefunden ganz im Gegensatz zu ihrem Vater, der sein Selbst verloren hat, und dessen sozialer Aufstieg moralisch und menschlich einen Abstieg bedeutet. Diesen Gewinn verdankt Eliza Pickering, den sie auch bevorzugt behandelt, während sie Higgins ihre Verachtung seiner Herzlosigkeit wegen spüren lässt. Als sie jedoch ihren Vater „in all seinem Glanze" erblickt, fällt sie für einen Augenblick in ihre alten Gewohnheiten zurück und stößt ordinäre Laute aus, was Higgins mit Triumph erfüllt.

Ehe sie an der Hochzeit ihres Vaters mit ihrer Stiefmutter teilnimmt, hat Eliza aber noch mit Higgins „abzurechnen". Sie ist zu einer Persönlichkeit geworden und Higgins jetzt ebenbürtig. Seiner Arroganz begegnet sie mit einer geistigen Überlegenheit, die ihren früheren Lehrer und Meister schachmatt setzt. „Es weht etwas vom Geist des republikanischen 'No man is good enough to be another man's master' in dieser Auseinandersetzung. Es ist ein Kampf zweier Individuen nach dem Herzen Shaws, ein Kampf, der ausgestanden werden muß, weil ihn die Dialektik des Lebens bedingt." – So K. Otten, der fortfährt:

„Beide – Higgins und Eliza – sind nicht aufeinander angewiesen, aber das Geben ist auch ein Nehmen gewesen...Das Geben und Nehmen zwischen wirklichen Menschen geschieht nicht auf der Basis einer Marktwirtschaft, es ist frei, und im Verhältnis der Menschen zueinander liegt jene großartige Freiheit, zu der sie erst fähig werden müssen.

Eliza wird Freddy Hill heiraten, der ihr die Güte geben wird, die Higgins ihr nicht geben konnte, weil er ein kalter Wissenschaftler ist, dem nichts am Menschen selbst, am einzelnen Individuum gelegen ist, der nur an die Menschheit als Ganzes denkt."[8] Er muss aber erkennen, dass er aus Eliza mehr als eine künstliche Herzogin, dass er aus ihr ein Weib gemacht hat: „Weiß Gott, Eliza, ich versprach, ein Weib aus Ihnen zu machen, und habe es geschafft. So liebe ich Sie." (87)

Worauf Eliza kontert: „Ja, jetzt machen Sie eine Kehrtwendung und nähern sich mir wieder, weil ich keine Angst mehr vor Ihnen habe und ohne Sie auskommen kann." (87)

Verwirrt und überrascht steht der „Pygmalion" Henry Higgins vor dem Werk seiner Kunst, das sich verselbständigt und Eigenleben gewonnen hat. Seine Hoffnung, dass Eliza trotz allem bei ihm bleiben wird, besteht weiter. Eliza, glaubt er zu wissen, wird ihm schon die Krawatte und Handschuhe kaufen, die er sich gewünscht hat (88).

3.2 Charakteristik der Hauptpersonen

Professor Henry Higgins

Mit Henry Higgins, für den der bekannte englische Phonetiker Henry Sweet, den Shaw für den besten seines Faches hielt, das literarische Vorbild gewesen ist, hat Shaw einen Wissenschaftler, einen Phonetiker zum Helden seiner Komödie gemacht. Es gibt Züge von Sweet in dem Stück, doch ist Pygmalion Higgins, wie Shaw im Vorwort zu seiner Komödie schreibt, kein Porträt Sweets.

Sohn aus gutem Hause, Akademiker, brilliert er in seiner Phonetik und ist in der Lage, sämtliche gesprochenen Dialekte zu erkennen und zu bestimmen: er kann bis auf acht Kilometer genau den Platz angeben, woher ein Mensch stammt; wenn er aus London ist, bis auf drei Kilometer, ja manchmal bis auf die Straße, in der der Betreffende

---

8   Vgl. K. Otten in H. Oppel, S. 126-148

geboren wurde. Er hat es so weit gebracht, dass er hundertdreißig verschiedene Vokale heraushören und selbst auch aussprechen kann; neben seinen phonetischen Forschungen beschäftigt er sich jedoch damit, reichen Leuten, Millionären, eine bessere Aussprache und die Feinheiten der Sprache Shakespeares, Miltons und der Bibel beizubringen. Aber während Higgins ein glänzender Wissenschaftler und guter Praktiker der Phonetik ist, besitzt er leider keine Manieren. Er ist eingebildet, allzu sehr von sich selbst überzeugt, arrogant und unerzogen. Sein Stil weist ihn in die gefährliche Nachbarschaft des Milieus, aus dem er seine Schüler herausführen will. Er ist unhöflich, grob, führt ständig den Teufel im Munde und flucht wie ein Müllkutscher, so dass sogar Frau Pearce, seine Haushälterin, ihn mehrfach zur Ordnung rufen muss. Zwar verfehlt seine ungezwungene, jungenhafte, saloppe Art nicht ihren Eindruck auf Frauen; zugleich wirkt sie jedoch abstoßend und beleidigend und nimmt keinerlei Rücksicht auf gesellschaftliche Konventionen. Higgins denkt nur als Experimentator; für ihn zählen nur Geist, Genialität, Wissenschaftlichkeit; Gefühle gehen ihm ab; der Mensch besitzt für ihn nur Testwert, seelische Empfindungen und Regungen nimmt er nicht wahr oder will sie nicht wahrnehmen.

Erstaunt muss er am Ende der Komödie „Pygmalion" erkennen, dass das „Werk", das er schaffen wollte und geschaffen hat, Eigenleben gewonnen hat und in gewisser Weise ihm ebenbürtig oder gar überlegen geworden ist: wie er nur die sprachliche Wandlung an Eliza wahrnimmt, ist er für ihre Zuneigung ihm gegenüber blind. Higgins hat bei ihr verspielt; Pygmalion hat Galatea geschaffen, aber diese ist ein „Turm an Kraft" geworden, an dem der Schöpfer seines Geschöpfes als Mensch scheitert.

Eliza Doolittle

Eliza Doolittle, das Blumenmädchen von Tottenham Court Road Corner, ist das Experimentierobjekt des Phonetikers Professor Henry Higgins. In einer Wette mit Oberst Pickering verpflichtet sich Higgins,

Eliza innerhalb von drei Monaten soweit zu schulen und zu „erziehen", dass sie ihren scheußlichen Cockney-Dialekt völlig verlieren und auf einer Party der High Society als Herzogin auftreten kann.

Liza, in all ihrer Primitivität, Unschuld und Natürlichkeit keineswegs dumm, ist eine gelehrige Schülerin; sie bringt es tatsächlich so weit, dass sie ihre „Prüfung" ausgezeichnet besteht.

Aber mit der Sprache der feinen Gesellschaft hat sie nicht nur deren Sitten, sondern auch deren Wesen angenommen; und die Tragik Eliza Doolittles liegt darin, dass sie aus ihren alten, angestammten Lebensverhältnissen herausgerissen worden ist, in der neuen Welt, der sie nun zugehört, aber nicht existieren kann. An der Ecke von Tottenham Court Road war sie ein Blumenmädchen; nun ist sie nichts mehr, denn, da sie ihre „eigene Sprache vergessen hat", kann sie nicht mehr dahin zurück, woher sie kam. Immer wieder klingt ihre Klage darüber auf.

Aber Eliza erwacht zur Persönlichkeit. Sie hat Blumen, nicht sich selber verkauft. Sie gibt sich nicht auf; sie hat sich nicht nur sprachlich hinaufentwickelt, sondern auch in geistiger und menschlicher Beziehung. So gewinnt sie am Ende Selbstbewusstsein, Würde und die innere Freiheit, in Zukunft über sich selbst zu entscheiden: im Nachwort zur „Pygmalion"-Komödie sagt Shaw, dass Eliza Freddy Eynsford Hill heiraten, gemeinsam mit ihm ein Blumengeschäft eröffnen und leiten, zugleich aber auch ständig sich in Higgins' Haushaltung in Wimpole Street einmischen wird, die sie immer noch als ihr Heim ansieht.

Alfred Doolittle

Alfred Doolittle ist Elizas Vater. Er ist ein älterer, aber kräftiger Müllkutscher und erscheint zunächst in der Tracht seines Berufes; er hat gut markierte und recht interessante Gesichtszüge und scheint gleich frei von Furcht wie von Gewissen. Er hat eine auffallend ausdrucksvolle Stimme, das Ergebnis davon, dass er seinen Gefühlen rückhaltlos freien Lauf lässt.

Er spielt den Gekränkten, dem man die Tochter weggenommen hat; mit dem Ausdruck verwundeter Ehre und mit ernster Entschlossenheit tritt er Higgins gegenüber, um aus der „Entführung" Elizas, die er im Grunde gerne los sein will, Kapital zu schlagen.

Das Verhältnis Elizas zu ihrem Vater ist denkbar schlecht; sie hat viel Prügel von ihm einstecken müssen; tatsächlich ist er ein brutaler Mensch, ein Säufer, der ein Faulenzerleben führt und mit seiner „Madame" in wilder Ehe lebt. Er versucht Higgins zu erpressen und „verkauft" ihm seine Tochter; aber Higgins hat, ohne es zu wollen, durch einen Brief an einen Amerikaner, „einen dummen Witz", Doolittle zu einer Riesenerbschaft verholfen, durch die dieser ohne sein Zutun nolens volens in höhere Kreise gelangt und „gesellschaftsfähig" geworden ist. Doolittle macht Higgins deswegen heftige Vorwürfe. Bisher habe er es sich leisten können, keine Moral zu haben, jetzt müsse er sich zu der Moral des Mittelstandes bekennen. Noch vor einem Jahr habe er in der weiten Welt keinen einzigen Verwandten gehabt, jetzt habe er fünfzig. Und er werde nun die Sprache der feinen Welt lernen müssen, statt „richtig" zu sprechen. Doolittle fühlt sich in seiner neuen Rolle nicht wohl, aber er vermag sich in der höheren Gesellschaftsklasse, in die er hineingelangt ist, zu behaupten. Seine natürliche Lebenskraft, seine Unverfrorenheit und Unbekümmertheit siegen über alle Bedenken.

Dem Nachwort ist zu entnehmen, dass er in den feinsten Kreisen höchst beliebt geworden ist infolge einer gesellschaftlichen Begabung, die über jedes Vorurteil und Hindernis triumphiert.[9]

Die Ironie Bernard Shaws ist unüberhörbar. Ein Blumenmädchen tritt unerkannt in der obersten Gesellschaft als Herzogin auf, ein Müllkutscher wird in herzoglichen Häusern zu Tisch geladen und von Kabinettsmitgliedern zu Rate gezogen. Damit stellt Shaw die Dummheit und Borniertheit der sogenannten oberen Zehntausend bloß, zugleich zeigt er, dass der Übergang von einer Gesellschaftsklasse in

---

9   Vgl. Nachwort zur Romanze, S. 93

eine andere ohne weiteres möglich ist und von äußeren Bedingungen abhängt: von der sprachlichen Ausbildung bei Eliza, von der finanziellen Besserstellung bei Alfred Doolittle.

Beide – Eliza wie ihr Vater – fühlen sich in ihrer neuen gesellschaftlichen Rolle nicht wohl; während es aber Eliza gelingt, zu sich selbst zu finden, bringt ihr Vater es nicht fertig, die Erbschaft abzulehnen und die „feine Welt" wieder zu verlassen. Während Doolittle also sein Selbst aufgibt, im „goldenen Käfig bürgerlicher Wohlhabenheit ein Opfer der Respektabilität" wird, nicht nur die Freiheit, sondern auch den Mut der Freiheit verliert und resigniert, gewinnt Eliza menschlich an Wert und Würde. Beide demonstrieren das Risiko des Wechsels von einer Gesellschaftsklasse in eine andere, zumal von einer niederen in eine höhere, das nur derjenige besteht, der sich persönliche Freiheit und geistige Überlegenheit zu bewahren weiß.

Frau Higgins

Frau Higgins, die Mutter von Professor Henry Higgins, ist eine ausgeprägte Persönlichkeit. Sie ist – wie es in der Bühnenanweisung zum dritten Akt heißt – in der Verehrung von Morris und Burne Jones aufgewachsen und ihr Zimmer, das nicht die leiseste Ähnlichkeit mit dem ihres Sohnes in Wimpole Street hat, ist nicht mit Möbeln, kleinen Tischen und Nippes besät. Ein Porträt von ihr zeigt, wie sie in ihrer Jugend aussah, „als sie die Mode verachtete und eines jener wundervollen Rosettikleider trug, welche, wenn sie von Leuten, die das nicht verstanden, karikiert wurden, zu den Unmöglichkeiten des populären Ästhetizismus der siebziger Jahre führten."

Auch jetzt noch ist sie eine Dame von einem gewählten, extravaganten, aber vornehmen Geschmack. Mit Überlegenheit und Verständnis für die Launen und Schwächen der Menschen ihrer Umgebung greift sie in die Handlung ein. Ihren Sohn, obwohl er bereits Professor und ein anerkannter Wissenschaftler ist, behandelt sie nichtsdestoweniger wie einen ungezogenen kleinen Jungen, hält ihm seine schlechten Manieren vor und tadelt sein leichtfertiges, ungehobeltes Benehmen. Sie lässt sich aber durch nichts aus der Ruhe bringen und behält in allen Situationen immer die Oberhand. Sie durchschaut die Ambitionen ihres Sohnes und hat Mitleid mit Eliza Doolittle, die er zu seinem Experimentierobjekt herabwürdigt. Sie ist auch die erste, die die Frage stellt, was aus Eliza werden soll, wenn sie das Experiment, das Higgins mit ihr anstellt, bestanden hat. Über die Sorglosigkeit ihres Sohnes und Pickerings ist sie bestürzt. Sie ist auch diejenige, die Eliza bei sich aufnimmt, als diese nach der Auseinandersetzung mit Higgins im Anschluss an das Gartenfest und an den „Pantoffelwurf" Higgins verlässt. Sie nimmt für Eliza Partei.

Aus den Äußerungen der Frau Higgins spricht unverhohlen der Dichter selber. Sie repräsentiert gewissermaßen das allgemeine Gewissen und nimmt somit gelegentlich die Stellung des Chors der antiken Tragödie ein, der als ein über der Handlung Stehender das Geschehen mit wertenden Bemerkungen begleitet. So auch Frau Higgins, wenn sie am Ende des dritten Aktes ob der Gedanken- und Herzlosigkeit ihres Sohnes und Oberst Pickerings in den Ruf ausbricht: „O Männer, Männer, Männer!" (57)

Die Familie Eynsford Hill

Mit der Familie Eynsford Hill ist Bernard Shaw ein glänzendes Porträt einer der „besseren" Gesellschaft angehörenden, aber völlig verarmten und deshalb einem inneren Zwiespalt preisgegebenen Familie gelungen. Es ist bestürzend zu sehen, wie sehr sich Frau Eynsford Hill an ihre Klassenzugehörigkeit klammert, in der Furcht, einer sozial niedriger stehenden Klasse einmal angehören zu müssen. Frau Eynsford Hill kann sich von der inhaltlos gewordenen Konvention nicht loslösen. Die Ängstlichkeit verschämter Armut macht ihr das Leben zur Qual.

Unbekümmerter als sie ertragen ihre Kinder, ihre Tochter Clara und ihr Sohn Freddy, das Schicksal sozialer „Herabkömmlinge". Im Gegensatz zu ihrer Mutter gibt sich Clara die erzwungene Sicherheit einer in

der besseren Gesellschaft durchaus heimischen Dame; etwas großsprecherisch markiert sie absichtlich den Typus vornehmtuender
Armut. Zur Bestürzung, manchmal zum Befremden ihrer Mutter sucht
sie ihre eigenen Verhaltensformen zu praktizieren, gibt sich gern frei
und ungezwungen, bedient sich jugendlichsnobistisch des „neuen,
leichten Plaudertons", das heißt, eines manchmal kräftigen ordinären
Jargons, der die „Gesellschaft" schockieren soll. Freddy dagegen,
weniger großsprecherisch als Clara, ist ein unkomplizierter, gutmüti-
ger Junge. Seine Begabung ist recht mittelmäßig; obwohl er eine
weiterführende Schule besucht hat und ein wenig Latein versteht,
„kann er sonst nicht viel" und hat von den praktischen Dingen des
Lebens wenig Ahnung. Als er Eliza geheiratet hat und mit ihr einen
Blumenladen eröffnen will, muss Oberst Pickering ihn mit Geld unter-
stützen und ihm erklären, was ein Scheckbuch und ein Bankgutha-
ben ist. Er versteht es jedoch, über seinen eigenen Schatten zu
springen und sich von den Fesseln seiner gesellschaftlichen Herkunft
zu befreien. Obwohl er im Privatleben immer noch Herr Fred Eynsford Hill, Hochwohlgeboren, bleibt, ist er zugleich der Blumen- und
Gemüsehändler F. Hill und hat als solcher ein erträgliches Auskommen, das ihm gestattet, den Lebensunterhalt für sich und seine
Frau Eliza zu bestreiten.

Oberst Pickering

Oberst Pickering, Phonetiker wie Higgins und Sanskrit-Forscher, ist
eigens aus Indien herbeigeeilt, um Higgins, den Verfasser des Uni-
versalalphabets kennen zu lernen. Er beteiligt sich an dem Experiment Higgins', Eliza Doolittle zur Herzogin zu machen, legt sich aber
weitgehend Zurückhaltung auf und nimmt neugierig, aber im wesent-
lichen „menschlicher" an dessen Unternehmung teil. Sein ganzes
Bestreben ist auf Ausgleich gerichtet; er steht Eliza in gewissen
schwierigen und für sie hoffnungslosen Situationen bei, unterstützt
sie mit Ratschlägen und finanziellen Zuwendungen, ermöglicht ihr
und Freddy die Hochzeit und Flitterwochen durch ein Hochzeitsge-

schenk von fünfhundert Pfund, löst Elizas Problem durch den Vorschlag, sie möge einen Blumenladen eröffnen und ist mehrere Jahre hindurch gezwungen, eine größere Summe flüssig zu halten, um die Verluste Freddys und Elizas zu decken.

Deshalb bezeugt Eliza Pickering auch ihr Vertrauen und würdigt ihn – nachdem sie ihre Selbstachtung zurückgewonnen hat – ihrer Freundschaft.

Wir ergänzen unsere Kurzcharakteristiken mit sechs Zitaten N. Carringtons und J. K. Lowers zu den Hauptpersonen des Stückes:[10]
...The kindest view to take of **Higgins** is that he is a great artist, whose art impells him to ignore every other consideration. He was certainly expert at his work. Pickering thougt that he had given him an impossible task to perform, but when the six months is over he has to admit that Eliza has been a great success and the occasion a triumph for Higgins. And if Higgins is outspoken to the point of rudeness, let it be remembered that he is not a snob; he is rude to everyone, irrespective of class: he is not, for instance, polite to Mrs Eynsford Hill and rude to the parlour maid, he is rude all round.

Ironically enough it is through his success in educating Eliza that at the end of the play the modern Pygmalion is pushed down from his pedestal to take second place to her. He has not only taught her correct language, he has (unintentionally) given her something to live for, and a dynamic personality of her own. At the beginning of the play he is the more masterful figure; at the end, she is...

...In the end, **Eliza** regains her soul, and her independence is the greatest thing of life; she states her own terms for remaining with Higgins, and when they are not accepted she bids him goodbye. She now has a will of her own. Higgins gave her the outward trappings of a lady, now she becomes one in her own right. Higgins himself recognizes it: "By George, Eliza, I said I'd make a woman of you; and I have." It is interesting to speculate on what would have been the end of the play if Higgins had thanked Eliza for her efforts and treated her as a human being.

---

10   Vgl. Brodie's Notes, S. 38, 42, 45 und Cliff's Notes, S. 44, 45, 46.

Shaw pooh poohs romance, yet cannot resist a happy ending by means of the most unlikely coincidences. By a freak chance her dustman father becomes rich; a husband is found for her; and in the epilogue, at all events, she is spoken of as wife and mother. This sort of ending is more like Dickens than Shaw. Shaw's explanation of Eliza's preference of Freddie to Higgins (even supposing Higgins were the marrying sort) is quite unnecessary. It was the only choice...

...Higgins is the archetypal confirmed bachelor to whom social niceties are of little importance; **Pickering** is the perfect gentleman (indeed this is how Shaw first introduces him to the audience in Act 1). He is always respectful in his dealings with others: in the first act, Pickering apologizes twice to the flower-girl as he has no change with which to buy her flowers. He is also courteous and throughout the play, addresses Eliza as Miss Doolittle.

Having goaded Higgins into accepting the challenge of transforming Eliza into a lady, Pickering readily accepts the responsibility for her moral welfare. As his friendship with the Professor is of short standing Pickering asks him, "Are you a man of good character where women are concerned?" He accepts Higgin's gentleman's word on this score and later we see him defending Higgins: 'Higgins' intentions are entirely honourable"...

***

Shaw's story of the flower girl from the slums who was taught to speak so properly that she was able to pass as a duchess at an ambassador's garden party is perhaps one of the best known works by Shaw – partly because of the popularity of the play which, in turn, inspired a more sentimentalized version in a popular movie and, later, became one of the world's most popular musical comedies, *My Fair Lady*, using Shaw's broad outlines, but turning the play from a study in manners to a sentimental love story between pupil and master.

The character of **Eliza** is best seen by the progression which she makes from "a thing of stone", "a nothingness", a "guttersnipe" and a "squashed cabbage leaf" to the final act where she is an exquisite lady — totally self-possessed, a person who has in many ways surpassed her creator. In the opening act, the audience cannot know that beneath the mud and behind the horrible speech sounds stands the potential of a great "work of art." This carries through the Pygmalion-Galatea theme in which a crude piece of marble is transformed into a beautiful statue. It is not until the third act, when Eliza makes her appearance at Mrs. Higgins' house, that we know that Eliza possesses a great deal of native intelligence, that she has a perfect ear for all sorts of sounds, an excellent ability at reproducing sounds, a superb memory, and a passionate desire to improve herself.

***

Henry **Higgins**, forty years old, is a bundle of paradoxes. In spite of his brilliant intellectual achievements, his manners are usually those of the worst sort of petulant, whining child. He is a combination of loveable eccentricities, brilliant achievements, and devoted dedication to improving the human race. Yet he is completely socially inept; his manners are so bad that his own mother does not want him in her house when she has company, and his manners are so offensive that she will not attend the same church at the same time. Since manners have always been the subject matter of comedies from the time of Aristophanes, Higgins' view of manners differs greatly from his own actions. His use of phonetics to make a flower girl into a duchess does not mean that the play is about phonetics; the play concerns different definitions of manners, and thus Higgins' actions must be taken fully into account.

Henry Higgins is a confirmed bachelor, and this fact alone should rule out all popularizers who would create a romantic entanglement between Higgins and Eliza. In addition, he is so set in his ways that he announces to Eliza that if someone doesn't want to get run over, they hat better get out of his way. To accomplish his aims, he will trample on anyone's feelings – whether that person be a flower girl in Covent Garden or a real duchess or a lady in his mother's elaborate drawing room. Thus, one of Higgins' claims to equality is not that he doesn't have manners (it is a foregone conclusion that he has none), but that he treats all people alike. However, he only *thinks* that he does; he is not as egalitarian and democratic as he likes to think that he is.

***

Doolittle is not so much a character as he is a vehicle which Shaw manipulates for his own dramatic purposes. Through Doolittle, Shaw is able to make many satirical thrusts at middle-class morality and to make additional comments on class distinctions and on class manners. (It is especially witty when Eliza points out to Higgins that the Professor's so-called equality in the way he treats people shows that he has the same manners as her father because Doolittle makes no class distinctions either: the analogy wounds Higgins because he has to acknowledge that it is essentially true.)

As his name readily suggests, Doolittle does as little as possible to get through life. He is a dustman because that is easier for him than "real work." (A dustman was a person who simply collected the ashes that people put out; by Shaw's time, refuse was added to the ashes, making Doolittle essentially a garbage collector.)

The comedy connected with Doolittle is his transformation during the course of the play. Whereas his daughter wants to become a member of the respectable middle class, Doolittle is delighted that his job as dustman is so low on the social class scale that it has absolutely no morals connected to it; therefore, he is not subjected to "dreadful" middle-class morality – at least not until the last act.

3.3 Bühnenanweisungen

Der Literaturwissenschaftler, der sich mit dem Drama beschäftigt, wird primär sein Augenmerk auf Monologe, Dialoge, Chöre, auf dramatische Verflechtung der Handlungsstränge usw. richten, dann erst auf Äußerliches wie die **Bühnenanweisung**, und auch der Theaterwissenschaft gilt die Bühnenanweisung nur als beiläufiges Hilfsmittel. Gleichwohl bietet sich dem Forscher in der Bühnenanweisung eine willkommene Handhabe, dem Drama in seiner vollen theatralischen Wirklichkeit gerecht zu werden und noch jenseits des gesprochenen Wortes dem dramatischen Willen des Dichters nachzuspüren.

Bühnenanweisungen treten in vielfältiger Form auf: Implizit können sie in Hinweisen der sprechenden Personen auf die intendierte szenische Anordnung und Konstellation enthalten sein, explizit werden sie vom Dichter eingesetzt zur Bestimmung von Gestik und Mimik der Akteure, zur Beschreibung des umgebenden Raumes mit seinen Requisiten, zur Andeutung des historischen Zeitpunktes, in dem man sich die Handlung vorzustellen hat, schließlich gar zum Verweis auf die im gesprochenen Wort nicht ausgedrückten oder gar nicht ausdrückbaren psychischen Valenzen.

Nun erweist sich, dass Form und Sinn der Bühnenanweisung sich kongruent mit den Strukturveränderungen des europäischen Dramas wandeln: Wenn zu Beginn des „Königs Ödipus" Ort und Zeit der Handlung aus dem Dialog Ödipus – Priester hervorgehen, wenn Ödipus sich selbst dem Publikum vorstellt und schließlich den Auftritt Kreons sorgsam vorbereitet, so ist dies einerseits motiviert durch die Theaterpraxis des alten Griechenland; wenn schon die Maskierung der Schauspieler jegliche individuelle Mimik ausschließt, bedarf es für die ungeheure Menge von Zuschauern erst recht einer handgreiflichen und ohrenfälligen Präsentation der gemeinten Situation. Zum andern aber spiegelt sich in der Selbstvorstellung der Hauptperson und in der Ankündigung auftretender Figuren die analytische Struktur des sophokleischen Dramas – die Entfaltung des Dramas ist iden-

tisch mit der immer tiefer eindringenden Selbsterkenntnis des Ödipus, und das Künftige erweist sich immer nur als Einholung des in der
Vergangenheit schon Angelegten, ja Prädestinierten. Die Maske be-
wahrt dabei dem Spielenden die Freiheit des Abstandes zu sich
selbst, und Pathos der Distanz ist geradezu ein Charakteristikum der
griechischen Tragödie. Vorausdeutende und distanzschaffende
„Bühnenanweisungen" und tragischer Gehalt des Dramas decken
sich vollkommen. In der späteren Komödie der Griechen und Römer
bleibt Abstand – nun aber mit ironischer und humoristischer Tendenz
– eine fundamentale Kategorie auch beim Aufbau des Komischen.[11]

Wenn in der Antike und im Mittelalter die Identifikation des Schau-
spielers mit sich selbst noch gar nicht zur Frage werden kann, da ja
Distanz von der Rolle Voraussetzung des Spiels ist, so entspringt
dies Problem in dem Augenblick, da menschliche Wirklichkeit Maß
allen Bühnengeschehens wird. Die Poetiken des 16. und 17. Jahrhunderts bemühen sich um eine Theorie der „imitatio", erst Lessing
aber führt – trotz aller Verhaftung in der Tradition – das deutsche
Drama zu einem eigentlichen Verständnis von psychologischer Wahr-
scheinlichkeit. Und hier erhält nun die Bühnenanweisung die neue
Funktion, mittels Gestik, Mimik usw. die psychische Dramatik zu
steuern. Die gehäuften Bühnenanweisungen etwa in der „Minna von
Barnhelm" lassen erkennen, dass das gesprochene Wort nur noch
eine Komponente des Theaters ausmacht.[12] Im Drama des Naturalis-
mus vollends gelangt die Bühnenanweisung zu „weltanschaulicher"
Relevanz, da Dinge und Umwelt das Handeln der Personen zu
determinieren imstande sind.

Als Beispiel einer naturalistischen Bühnenanweisung diene hier die
Bühnenanweisung zum zweiten Akt des Dramas „Die Weber" von
Gerhart Hauptmann: Das Stübchen des Häuslers Wilhelm Ansorge
zu Kaschbach im Eulengebirge. In einem engen, von der sehr schad-

---

11   Vgl. K. Eder, Antike Komödie, S. 19-38
12   Wir verweisen auf: H. Gehrke, G. E. Lessing „Minna von Barnhelm" – Wertungen und
     Rezeptionshilfen, insbesondere S. 85-102

haften Diele bis zur schwarz verräucherten Balkendecke, nicht sechs Fuß hohen Raum zu sitzen: zwei junge Mädchen, Emma und Bertha Baumert, an Webstühlen – Mutter Baumert, eine kontrakte Alte, auf einem Schemel am Bett, vor sich ein Spulrad – ihr Sohn August, zwanzigjährig, idiotisch, mit kleinem Rumpf und Kopf und langen, spinnenartigen Extremitäten, auf einem Fußschemel, ebenfalls spulend. Durch zwei kleine zum Teil mit Papier verklebte und mit Stroh verstopfte Fensterlöcher der linken Wand dringt schwaches, rosafarbenes Licht des Abends. Es fällt auf das weißblonde, offene Haar der Mädchen, auf ihre unbekleideten, magern Schultern und dünnen wächsernen Nacken, auf die Falten des groben Hemdes im Rücken, das, nebst einem kurzen Röckchen aus härtester Leinewand, ihre einzige Bekleidung ist. Der alten Frau leuchtet der warme Hauch voll über Gesicht, Hals und Brust: ein Gesicht, abgemagert zum Skelett, mit Falten und Runzeln in einer blutlosen Haut, mit versunkenen Augen, die durch Wollstaub, Rauch und Arbeit bei Licht entzündlich gerötet und wässrig sind, einen langen Kropfhals mit Falten und Sehnen, eine eingefallene, mit verschossenen Tüchern und Lappen verpackte Brust.

Einen Teil der rechten Wand, mit Ofen und Ofenbank, Bettstelle und mehreren grell getuschten Heiligenbildern, steht auch noch im Licht. – Auf der Ofenstange hängen Lumpen zum Trocknen, hinter dem Ofen ist altes, wertloses Gerümpel angehäuft. Auf der Ofenbank stehen einige alte Töpfe und Kochgeräte, Kartoffelschalen sind zum Dörren auf Papier gelegt. – Von den Balken herab hängen Garnsträhnen und Weifen. Körbchen mit Spulen stehen neben den Webstühlen. In der Hinterwand ist eine niedrige Tür ohne Schloss. Ein Bündel Weidenruten ist daneben an die Wand gelehnt. Mehrere schadhafte Viertelkörbe stehen dabei. – Das Getöse der Webstühle, das rhythmische Gewuchte der Lade, davon Erdboden und Wände erschüttert werden, das Schlurren und Schnappen des hin und her geschnellten Schiffchens erfüllen den Raum. Da hinein mischt sich das tiefe, gleichmäßig fortgesetzte Getön der Spulräder, das dem Summen großer Hummeln gleicht.[13]

13   Zitiert nach H. Schwab-Felisch, S. 17-18

Es ist klar, dass jeder Regisseur Schwierigkeiten haben wird, einer derart detaillierten Forderung zur Gestaltung des Bühnenbildes nachzukommen. Sie zwingt ihn, sich den Vorstellungen des Dichters zu unterwerfen, sie nimmt ihm jede Freiheit einer eigenen Ausgestaltung des Bühnenraumes.

Auch Bernard Shaws Bühnen- und Regieanweisungen zeichnen sich durch eine minutiöse Genauigkeit aus und legen jedes Detail im Voraus bis ins Kleinste fest. Als Beispiele seien hier die Bühnenanweisungen zum zweiten und dritten Akt der Komödie „Pygmalion" angeführt (16,17-42).

„Es ist in diesem Zusammenhang interessant", schreibt Heinz Edenhofner, „an Hand der Regieanweisungen zum zweiten und dritten Akt das Zimmer von Frau Higgins und das ihres Sohnes Henry zu vergleichen. Shaw geht hier über die bloße Regieanweisung und Milieudarstellung hinaus. Die Art der Einrichtung spiegelt mehr wider: sie lässt uns in das Wesen der beiden Personen blicken. In Henry Higgins' „Laboratorium", das als Salon gedacht war und wie ein Salon bewohnt wird, herrschen Sachlichkeit und Zweckmäßigkeit des exakten Wissenschaftlers. Nichts Weiches, nichts Schönes finden wir hier („keine Gemälde"), nur harte und kalte Kupferstiche bestimmen die Atmosphäre. Selbst der Flügel scheint nicht aus musischem Anliegen im Zimmer zu stehen, sondern nur als Kontrollapparat der Phonetik zu fungieren. Keine Behaglichkeit, keine Wärme liegt im Raum! – Frau Higgins' Empfangszimmer bietet dagegen Wohnlichkeit und strahlt individuelle Wohnkultur aus (gute Ölbilder, Verzicht auf Nippes, geschmackvolle Beschränkung)."[14]

Der epische Charakter der „Pygmalion"-Komödie äußert sich nicht nur in der Ausführlichkeit der Bühnenbeschreibungen, sondern auch in den Anweisungen, die das Verhalten der darstellenden Personen der Handlung kennzeichnen und „regulieren", und zwar so sehr „regulieren", dass ihnen selber kaum Spielraum für eigene Bewegungen bleibt. Shaw hatte mehrfach harte Auseinandersetzungen mit

---

14 Vgl. H. Edenhofner in K. Bräutigam

den Schauspielern, die sich nicht seinen Vorschriften unterwerfen wollten. So zum Beispiel zu Beginn des bereits zitierten zweiten Aktes: Pickering sitzt am Tisch, legt einige Karten und eine Stimmgabel, die er benutzt hat, wieder hin...(16,17).

Auch in der folgenden Szene des zweiten Aktes bemerken wir das „Überwuchern der Bühnenanweisungen, die das Detail des Bühnenvorgangs protokollieren": Liza: Kein Gefühl für so was, der. Nichts von wegen Herz und so. Immer nur an sich interessiert dran. Aus! Hab jetzt die Schnauze voll. Ich hau ab. Sie sollten Ihnen was schämen, ja? Das sollten Sie! (25)...

Genaue Anweisungen zur Bestimmung der räumlichen und zeitlichen Situation, zur Ausstattung der Szene und Kostümierung der Personen sind zwar noch verständlich, hier aber engen sie die individuelle Spielfreiheit der Darsteller so sehr ein, dass diese nichts anderes mehr als Werkzeuge des Autors zur Verwirklichung seiner Intentionen sind. Es ist nur noch ein Schritt zum epischen Theater Bertolt Brechts, bei dem die Bühnenanweisung „bühnenfähig" wird, d. h. Eigenwert bekommt und dem Publikum ausdrücklich bekannt gegeben wird, um ihm kritische Distanz dem Spielgeschehen gegenüber zu ermöglichen.

Lernhilfen, Interpretationen und klassische Texte aus dem C. Bange Verlag

☐ Bitte senden Sie mir an die untenstehende Adresse laufend kostenlos Prospekte und Kataloge über Bücher aus dem C. Bange Verlag, Hollfeld, Tel.: 09274-94130/Fax: 09274-94132.

☐ Gesamtverzeichnis
☐ Verz. Königs Erläuterungen u. Lektüren
☐ Verzeichnis d. kl. Übersetzungsbibliothek griech. und röm. Klassiker

Versandanschrift: (6/97)

Name: ....

Kunde: ☐ Lehrer ☐ Student/Schüler ☐ Sonst.

Straße u. Nr.: ....

Wohnort: ....

Antwort

C. Bange Verlag
und Versandbuchhandlung
Postfach 11 60

D-96139 Hollfeld

Wie interpretiere ich...? - Die Erfolgsreihe (in der neuen Rechtschreibung!)

Bernd Matzkowski
Wie interpretiere ich?
Best.Nr. 1417

136 Seiten · Format DIN A5 · Kart. · DM 19,80

Der Band führt in die Grundlagen der Analyse und Interpretation fiktionaler (Epik/Lyrik/Drama) und nicht-fiktionaler Texte (Sachtexte/politische Rede) ein, erläutert wesentliche Elemente der einzelnen Textsorten und Gattungen und gibt Hilfestellungen für das Verfassen von Interpretationen. Fachbegriffe werden eingeführt und erklärt; Analyseraster sollen die selbstständige Arbeit mit Texten erleichtern.

Egon Ecker
Wie interpretiere ich Gedichte?
Best.-Nr.: 0695

168 Seiten · Format DIN A5 · Kart. · DM 19,80

In diesem Buch geht es nicht darum, Gedichtinterpretationen vorzustellen, sondern einen Weg von vielen möglichen aufzuzeigen, wie man Gedichte interpretieren kann. Anhand von Gedichten der verschiedensten Epochen werden Hinweise gegeben, wie man inhaltlich und formal Texte erklären und verständlich machen kann. Die Arbeitsweise vollzieht sich dabei in vier Schritten: dem jeweiligen Gedicht folgt eine Anleitung und Stoffsammlung · eine Gliederung und Gliederungsskizze · eine Ausarbeitung und Auswertung · Aufgaben zum Text.

Bernd Matzkowski
Wie interpretiere ich ein Drama?
Best.Nr. 1419
Format DIN A5 · Kart. · DM 19,80

Wie interpretiere ich Novellen und Romane?
Best.Nr. 1414
Format DIN A5 · Kart. · DM 19,80

Wie interpretiere ich Lyrik?
Best.Nr. 1417
Format DIN A5 · Kart. · **DM 19,80**

Die drei Bände sollen zur selbstständigen Arbeit mit im Unterricht behandelten Dramen, Romanen, Novellen und Gedichten anregen und dazu Hilfestellung geben. Wesentliche Bausteine literarischer Texte werden unter Einführung entsprechender Fachbegriffe anhand von Beispielen erläutert. Ein auf die jeweilige Gattung zugeschnittener Fragenkatalog soll den Zugriff auf die einzelnen Textsorten und Gattungsformen ermöglichen und Anregungen für die eigenständige Untersuchung vermitteln.
Alle drei Bände enthalten Grundlageninformationen zur Interpretation und Analyse, zur Erstellung von Interpretationsaufsätzen und zu den Begriffen "Text" und "Gattung".
(Erscheinungstermin für die drei Bände 10/97!)

Hiermit möchte ich folgende Bände bestellen:

Anzahl	Best. Nr. Titel			
....	1417	Wie interpretiere ich?	DM	19,80
....	0695	Wie int. ich Gedichte?		19,80
....	1419	Wie int. ich ein Drama?		19,80
....	1414	Wie int. ich Novellen und Romane?		19,80
....	1420	Wie int. ich Lyrik?		19,80
....			Datum / Unterschrift:	

4. ASPEKTE ZUR DISKUSSION[15]

4.1 Gesellschaftskritik und Gesellschaftserziehung

Pygmalion is one of Shaw's least didactic plays; but that is not to say that Shaw had eliminated his characteristically incisive social analysis. England in the early decades of the twentieth century was obsessed by the matter of class status, by the gradations of the rigid social structure. The upper middle class – that is to say, Britain's *ladies* and *gentlemen* – achieved their precious status through the fortuitous combination of birth, education, profession (if any), and manner of dress. Money was normally a prerequisite to status, but one could struggle along without very much of it if one belonged to the right family.

(Richard H. Goldstone, Introduction to G. B. Shaw: Pygmalion, S. ix)

4.2 Erziehung durch Manipulation

In seiner Komödie „Pygmalion" hat Bernard Shaw einen Professor der Phonetik zum „Helden" seines Stückes gemacht, einen Wissenschaftler also, der am lebenden Objekt, einem ordinären Blumenmädchen, seine Theorie erweisen will, die dahin geht, dass er mit Hilfe sprachlicher Manipulationen einen Menschen der niederen, ungebildeten Klasse in einen solchen von Bildung und Niveau verwandeln kann. Die Schwierigkeit dieser sprachlichen Erziehung, insbesondere soweit sie das Englische betrifft, macht Shaw in seiner von seinem grimmigen und spöttischen Humor durchtränkten Vorwort zu seinem Stück kund. Er schreibt:

---

15 Der Leser beachte die ausführlichen Angaben der Fundstellen im Literaturverzeichnis.

„Die Engländer haben keinen Respekt vor ihrer Sprache, wollen auch ihre Kinder nicht in der richtigen Sprechweise unterrichten. Die Orthographie ist so abscheulich verworren, daß niemand die Aussprache sich selbst beibringen kann. Es ist einem Engländer unmöglich, den Mund aufzumachen, ohne sich den Haß oder die Verachtung irgendeines anderen Engländers zuzuziehen. Deutsch und Spanisch sind Fremden zugänglich, Englisch ist nicht einmal Engländern zugänglich. Der Verbesserer, den England heute braucht, ist ein energischer Schwärmer für die Phonetik: deswegen habe ich so einen zum Helden eines Volksstückes auserkoren. Schon viele Jahre gibt es solche Helden, die ihre Stimme in der Wüste erheben...

Wenn das Schauspiel dem Publikum kundtut, daß es Phonetiker gibt und daß sie in der jetzigen Zeit zu den wichtigsten Leuten Englands zählen, wird es seinen Zweck erfüllt haben.

Das Stück ist so intensiv und absichtlich didaktisch und sein Thema wird so festgehalten, daß es mir ein Wonnegefühl bereitet, es den Sentenzsprechern an den Kopf zu werfen, die das Papageiengeschwätz nachplappern, wonach Kunst nie didaktisch sein sollte. Er erbringt den Beweis für die Richtigkeit meiner Behauptung, daß die Kunst nie etwas anderes sein sollte."

Es ist also offensichtlich, dass Shaw dem erzieherischen und lehrhaften Moment seines Stückes eine große Bedeutung beimisst. „Hinter meinen Stücken", sagt er selbst, „steht eine durchdachte Soziologie." Mit dem Gedanken an die Möglichkeit der Umwandlung eines menschlichen Wesens in ein ganz anderes Wesen verbindet sich auch der soziologische Aspekt der Möglichkeit der Umwandlung ganzer Gesellschaftsschichten in anders geartete gesellschaftliche Strukturen.

Higgins will das Blumenmädchen Eliza, indem er ihr die richtige und korrekte englische Gesellschaftssprache, das "King's English" beibringt, „gesellschaftsfähig", zu einem Mitglied der „High Society" machen. Er will beweisen, dass der Mensch ein Experimentierobjekt sein und durch wissenschaftliche Manipulationen umgeformt werden kann. Das Kaspar-Hauser-Motiv verbindet sich mit der sozialistischen Idee der Erziehbarkeit des Menschen durch äußere Beeinflussung.

Tatsächlich gelingt das Experiment Higgins' und scheint seiner Theorie insoweit recht zu geben. Aber er hat Eliza nur zu einer sprechenden Puppe gemacht. Er hat sie gelehrt zu konferieren und diskutieren, aber er konnte ihr keine „Manieren" beibringen, einfach aus dem Grunde, weil er selbst keine hat.

Nehmen wir an, dass auch dieses gelungen wäre, dass ihr ein Lehrmeister gesellschaftliches Benehmen beigebracht hätte (was sie am Schluss auch besitzt, wenn auch der Grund hierfür nicht in einer äußerlichen Anerziehung, sondern in ihrer inneren Entwicklung zu suchen ist), so wäre sie nichtsdestoweniger nur ein Produkt der Erziehung, der äußerlichen Gestaltung durch ihre Lehrmeister geworden.

Shaw aber führt – obwohl Sozialist – die Idee der rein „mechanischen" Umformung des Menschen in einen anderen ad absurdum. Higgins' Experiment gelingt, aber zugleich misslingt es. Higgins wollte aus Eliza eine Herzogin machen, aber er erreicht, ohne es zu wollen, weitaus mehr: er erweckt ihre Seele. „Der Mensch ist mehr, als Sie von ihm gedacht", könnte man mit Marquis Posas Worten aus Schillers „Don Carlos" Higgins zurufen. Die wissenschaftliche Methode erreicht zwar ihr Ziel, muss aber erkennen, dass sie Imponderabilien heraufbeschwört, die sie nicht vorausgesehen hat, weil das Experimentierobjekt für sie nur Material, nicht aber ein lebendiges Wesen mit eigener Initiative war.

Das Werk der Erziehung findet also da seine Grenze, wo die eigenwillige und unverwechselbare Individualität des Menschen sich gegen jede äußere Manipulation zu sperren beginnt und sich in ihrer Eigenmächtigkeit, jedem äußeren Zwang gegenüber behauptet. Insofern ist Shaws Stück ein Loblied nicht auf die technisch mögliche Transformation gesellschaftlicher Verhältnisse, sondern auf die unbedingte persönliche Freiheit und Selbstherrlichkeit des Individuums.

5. SHAWS „PYGMALION" IM URTEIL DER LITERATURKRITIK

5.1 Die Komödie „Pygmalion"

Die Komödie Pygmalion (1906, uraufgeführt 1913 am Burgtheater in Wien) erweist sich in mehrfacher Hinsicht als besonders aufschlußreich für das Wesen Shaws. Einmal für sein Verhältnis zur Sprache, das auch in seinem Testament eine Rolle spielt. Er hat nämlich – sicher nicht ohne ironisches Augenzwinkern – verfügt, daß nach seinem Tode ein Teil des sich aus den Tantiemen seiner Stücke ansammelnden Vermögens für die wissenschaftliche Arbeit zur Neugestaltung des englischen Alphabets zu verwenden sei – ein letzter Wille, der, wie berichtet wird, den Nachlaßverwaltern erhebliches Kopfzerbrechen macht. Zum anderen spricht Shaw mit der Behauptung, daß die Kunst didaktisch sein soll, sein eigentliches Bekenntnis aus. Man darf nun freilich das Wort „didaktisch" nicht engherzig auffassen, man muß es vielmehr im weitesten Sinne verstehen. „Kunst für das Leben" ist das Motto Shaws. Von „l'art pour l'art" hat er nicht viel gehalten, um so mehr von der Aufgabe der Kunst, als lebensgestaltende Kraft zu wirken. „Allein die Kunst" – so schreibt er einmal – „kann uns zur Anmut des Leibes und der Seele erziehen, in ihr allein lebt uns wieder die Geschichte der Vergangenheit auf und leuchtet uns die Hoffnung der Zukunft. Sie ist die berufene Vermittlerin der Begeisterung und der Weg zur Gemeinschaft der Heiligen. Wo immer sie ersteht, erstehen Widerstände gegen Tyrannei und Sprengung der Fesseln, weht der Hauch der Freiheit. Der Versuch, die Kunst zu unterdrücken, gelingt nicht durchgehend; wir könnten ebensogut versuchen, den Sauerstoff zu unterdrücken."

Daß Pygmalion auch ein Meisterwerk des Humoristen Shaw darstellt, bedarf keiner Hervorhebung. Zur Definition des Humors hat er selbst einmal gesagt: „Humor: Alles, was einen zum Lachen bringt, aber die feinste Art macht zugleich ein wenig traurig." An dieses nachdenkliche Wort sollte man sich immer erinnern, wenn man vom „Spötter" Shaw spricht. Das Feuerwerk seiner Späße im Dialog, seine Satire und seine Ironie – auch in den oft sehr ausführlichen Nachworten zu seinen Stücken – sind immer das äußere Gewand, die Maske für sehr ernsthafte Impulse aus seiner Ideenwelt, die sich von Darwin, Marx, Nietzsche und Bergson beeinflußt zeigt. Er wußte, wie so mancher Große der Weltliteratur, mit Lachen die Wahrheit zu sagen. Sein lebendig-kritischer Geist war ebenso lustig wie ernsthaft, er besaß jenen "common sense", jenen aufs Allgemeine gerichteten gesunden Menschenverstand, mit dem er als Gesellschaftskritiker respektlos und boshaft verlogenen Konventionen und leergewordenen Traditionen zu Leibe ging, um seine moralische Lehre und seinen Glauben an die schöpferische Entwicklung der Menschheit zu demonstrieren.

(Reclam)

* * *

Der durch die Eigenart seiner Kritiken berühmteste, zugleich aber auch gefürchtetste und umstrittenste Kritiker des ersten Drittels unseres Jahrhunderts war der Kritiker des „Berliner Tageblatts", **Alfred Kerr.** Hier seine berühmte „Pygmalion"-Kritik vom 4. November 1913.

5.2 Pygmalion (G. B. Shaw)

I.

Der Sieg des Mutterwitzes. (Erstens der Sieg eines Mädels über einen Junggesellen; zweitens der Sieg eines Volkskindes über die Bürgerschaft.)

Ein Lautforscher, Sprachlehrer, beinah Kirchendichter nimmt eine Blumenverkäuferin ins Haus; er vermißt sich, sie durch Sprachbesserung einer Herzogin gleichzumachen. Es kommt, was er vorhersah.

Was er nicht vorhersah, auch: er zappelt im Netz. Er wollte die Sache meistern; die Sache meistert ihn. Faustisch gesprochen: „Am Ende hängen wir doch ab – von Kreaturen, die wir machten." Das die Vorgänge.

II.

Zwei Dinge sind bei Shaw, wie oft hab' ich es gesagt, zu scheiden: Gerüst und Behang.

Der Behang ist von Shaw, das Gerüst von jedermann.

...Wie ist mir? Sie zanken sich, er schnauzt sie an, saugrob, können sich nicht riechen – aber im Herzen keimt unmerklich...(weißte?)

Justament hinter ihrem Gekeif birgt sich eine beginnende...eine ganz kleine beginnende...(In dieser Art.) Kotzebue, – möcht' man sprechen.

Aber Kotzebue mit Shaw behängt. Will sagen: Es kommt von einem Kerl, der noch über jede geschminkte Dagewesenheit einen Glanz des Gewissens deckt; ein Aufleuchten gerechter Forderungen; widerlegenden Ulks; kitzelnder Bürgeranzapfung.

Das Gerüst für die Katz', – der Behang für uns Menschen.

III.

Shaw zeigt...statt eines Figaro wider den Adel: eine Figarette wider den Mittelstand.

Man vergißt beinahe, daß der Grundstock des Werkchens fürchterliche Titel haben könnte – wie: „Sein Versuchsobjekt." Oder: „Er bleibt ledig." Oder gar: „Professor Higgins' Wette." Der Leser weiß Bescheid. Ich fühle das hier durch, wie bei allen seinen Stücken (Allen? Beim „Arzt am Scheideweg" nicht.) Ja, bei diesem Pygmalion stärker als irgendwann zuvor. Ein Reißer ist es. Komm' den Äffchen zart entgegen, du gewinnst sie, auf mein Wort. „Pygmalion" ist für Bernard Shaw, was „Monna Vanna" für Maeterlinck.

IV.

Äffchen hin, Äffchen her. Das Blumenmädel hat einen Vater. Sein Gerüst lautet etwa: Engstrand. Oder: Père Cardinal (von Halèvy). Doch sein Behang ist ein Philosophem über den vierten Stand.

Am Schluß: der Übergang vom vierten Stand zum dritten (als welcher jetzt leider der erste ist).

Deutsch ausgedrückt: Die Biberpelzdiebe werden sich selber Waschfrauen halten...

V.

Liza, die Pflanze, wird (im elften Akt), dünkt mich, eine Manierenmäklerin sein.

(Wie zu Berlin ein Volkskind, mit dem einer Ausflüge macht, schon beim zweitenmal vor dem Zugabegang um Gottes willen auch nicht etwa aus Versehen vor der dritten Klasse!!! will erblickt sein, statt vor der zweiten.)

VI.

Der Sprechlehrer, Lautforscher, kirchliche Poet; der grobe, formlose, hochmutsvolle Bürger, der einen Menschen, ein Blumenmädel, roh zur Sache erniedert: der Kerl wird reingelegt.

(Milde; denn er bekommt sie. Nein, furchtbar; denn er bekommt sie.)

VII.

Ein besondrer Einwand gegen das Stück ist Folgendes. Mich fesselt sehr wenig, daß und ob die zwei sich haben. Auch das Wie nicht – denn Kotzebue und Ohnet sind hier nur umgangen: (wie Chopin manchmal mit einem Gewaltdruck dem Leierkasten genial entrinnt). Wollte sagen: ob die zwei sich bekommen oder nicht, ist mir wurst;

lieber hätt' ich gewahr, wie das Blumenmädel im einzelnen wächst, sich anpaßt. Kurz und gut: Szenen ihrer Entwicklung; statt ihrer Entwickeltheit.

Das ist es.

VIII.

Was also hab' ich gesehn: Worüber lachen die Menschen? Ich glaube... Ich glaube, von Feydeau gibt es ein Stück, da wird ein Mädel aus dem Volk, wo es volkhafter nicht mehr sein kann, in der Gesellschaft als vornehme Dame fälschlich ausgegeben.

Weißt du noch? Es ist auf einem Schloß in der Provence. Schließlich wird ihr alles von den Feinerzogenen nachgemacht – (auch die Rüdigkeiten). Wer war das? Môme Crevette. Sie schreit inmitten der konservativen Gesellschaft: „Sch.....!" „Merde!")

Ja, das war Môme Crevette... bei Shaw (armes Mitglied der britischen Inseln, obschon du vortäuschest, ein Ire zu sein) – bei Shaw ist keine Dehmimongdäne, Gott soll...! sondern, den Umständen angepaßt, eine keusche, noch dichte Blumenhändlerin. Unerbrochen. Povera ma ònesta.

Denn er schreibt für Angelgermanen.

Sie verkauft „zwar Blumen, aber nicht sich." (Oder so.)

Auch das Irentum schlägt nicht über die Nervenstränge der Puritaner-sachsen.

1913, 4. November

5.3 Gesellschaftliche Evolution

„Pygmalion" (1912) kann – wenn wir von der „Heiligen Johanna" absehen – als das letzte Meisterdrama von Shaw bezeichnet werden. Der moderne Pygmalion ist ein leidenschaftlicher Phonetiker, Henry Higgins, der das primitive Blumenmädchen Liza Doolittle dadurch in eine Dame verwandelt, daß er ihr Sprechstunden gibt und ihr den Cockney-Dialekt abgewöhnt. Gute Manieren kann er ihr freilich nicht beibringen, denn er ist und bleibt ein ungehobelter Junggeselle, der von seiner Mutter dauernd zurechtgewiesen wird; um Lizas gute Manieren bemüht sich mit Erfolg Higgins' Freund, Oberst Pickering. Das Experiment gelingt, aber Shaw stellt den gesellschaftlichen Triumph der neuen Galatea nicht dar, weil es ihm um das menschliche Problem ging, das die gesellschaftliche Evolution – hier in der Form der Erziehung eines Menschen – schafft: was soll die ihrem Milieu entfremdete Liza als Lady tun? Es ist bezeichnend für Shaw, daß er die eheliche Verbindung mit Higgins vereitelt und das Drama mit der Formulierung des Problems offen enden läßt; es klingt in einem herrlichen Duell zwischen dem unverbesserlichen Pygmalion und der zu einer Persönlichkeit gewordenen Galatea, zwischen dem Künstler, der nur sein Werk sieht, und der Frau, die nicht als Werk des Mannes, sondern als ein Mensch geschätzt und behandelt sein will.

Die Nebenhandlung wird von Vater Doolittle, einem prächtigen Cockney, bestritten, der einen analogen sozialen Aufstieg erlebt, aber als Kontrastgestalt zu seiner Tochter wirkt. Ihm verhilft eine amerikanische Erbschaft zum Aufstieg in den Mittelstand, aber als echter Cockney leidet er unter dem neuen sozialen Milieu, für das er nicht wie seine Tochter geschult worden ist. Der inneren Wandlung und Reife Lizas steht die bloß äußerliche, auf dem Kapital fußende gesellschaftliche Stellung Doolittles gegenüber, der ernsten Version die komische. „Pygmalion" kann auch als eine geradezu prophetisch anmutende Kritik des modernen Wohlfahrtstaates gelesen werden.

(Robert Fricker)

5.4 Professor Higgins

Professor Higgins erscheint in einer charakteristischen Mischung von Kobold und gutem Geist, Übermensch, aber auch, wie oft im Bereich des Experten, ein wenig Untermensch, ein "trouble-maker", der sich überlegen und unbekümmert über die Verwirrung amüsiert, die er stiftet, auch wenn sie, wie im Falle Elizas, verletzend ist. Die Bemerkung "You take us for dirt under your feet, don't you?" erhält so ihre Bedeutung über den Augenblick hinaus, in dem sie fällt. In der sentimentalen Selbstmitleidung Elizas, die abwechselt mit kläglichen Versuchen der Selbstbehauptung, bleibt ein Eindruck beherrschend: "He's no gentleman, he aint, to interfere with a poor girl". Im Gespräch mit den Eynsford Hills zeigt sich der bedenkliche Mangel an äußerem Takt, aber auch eine gewisse Hilfsbereitschaft, und sein "I didn't mean to" wird zu einem entscheidenden Kriterium seines Charakters.

(Kurt Otten)

5.5 Adel und Proletariat – Worin besteht echte Bindung?

Wenn es Higgins gelingt, das Blumenmädchen so abzurichten, daß er es als Herzogin ausgeben kann, so soll das offenbar sagen: der Mensch ist ein bildungsfähiges Wesen. Er hat nicht gewisse Fertigkeiten als unveränderlichen Besitz auf Grund seiner adligen Geburt ererbt, die ein anderer minderer Herkunft nicht besitzt und auch nicht erwerben kann, sondern jeder, auch der niederst Geborene, hat alle Voraussetzungen und Gaben – schön, klug, anständig, Selbstgefühl, Geschmack –, die nötig sind, um dem Anspruch adeliger Formen zu genügen, wenn er nur die Möglichkeit hat, sie zu lernen. Adeliger Stil und adelige Haltung, das „gute Benehmen" sind nicht angeboren, wie sich der Adel offenbar einbildet. Sie sind nicht sein Vorrecht von

Geburt, sondern sie sind durch Erziehung, eigentlich Dressur erworben und damit jedem erreichbar. So muss aber auch der Adel seinen eigenen Stil lernen. Doch der Adelige ist so dumm zu glauben, daß das rechte Verhalten bei Leuten seines Ranges von selber käme (Vierter Akt), deshalb bemühen sie sich nicht darum. Vielleicht sind sie auch zu dumm dazu, und so lernen sie es nie.

Es ergibt sich die provokative Entgegensetzung: Elizas primitives Ehrgefühl zeigt, daß das Mädchen aus dem niedersten Volk die saubere sittliche Haltung als Naturanlage besitzt. Sie ist nicht Ergebnis der Erziehung wie bei dem feinen Herrn. Eliza ist im ganzen ein Ausbund an Begabung, sie ist schöner, besser, klüger als der Adel, sie ist unverbildet und unverbraucht. Daraus folgt: Güter, die angeboren sind, die man nicht erwerben kann, besitzt das Volk, ohne es zu wissen. Sie sind das in Wahrheit Wertvolle. Der Adel hingegen hat diese Güter oft nicht, und er hält das, was lernbar ist, für sein angeborenes Gut und das eigentlich Wertvolle. Der Adel unterliegt also einer Verkennung der Werte.

Die adelige Erziehung macht untauglich zum praktischen Leben. Eliza, die vorher, ohne Bildung, so lebenstüchtig war, ist es jetzt durch die Erziehung zur feinen Dame unmöglich gemacht, ihr Brot selbst zu verdienen. Das, was der Adel zu bieten hat und worauf er sich so viel einbildet, ist also im Grunde etwas sehr Fragwürdiges, für Eliza eigentlich ein schlechter Tausch. Als Ausweg bleibt nur die Heirat, sie muß sich selber statt einer Ware verkaufen. Dieses ist in Wahrheit entwürdigend und nicht die Tatsache, daß die gebildete Frau für Geld arbeitet. Wird hier zum andern Mal eine falsche Wertung durch den Adel bloßgestellt? Sich einen Mann angeln zu müssen, darüber waren die Mädchen in Tottenham Court Road erhaben; die feinen adeligen Damen sind darauf angewiesen. Von hier aus wird die Frauenrechtsbewegung als geschichtliches Phänomen begreifbar.

Der Angriff auf die gesellschaftlichen Ansichten der Zeit bezüglich der Stellung der Frau wird auch gegen die Rolle vorgetragen, die die Frau der üblichen Auffassung gemäß in der Ehe zu spielen hat. Die Frau soll keine Sklavin sein, der Mann kein Pascha, das ist unwürdig für beide. Shaw will sein Publikum zu der Einsicht bringen, daß die Ehepartner innerlich frei nebeneinander stehen sollen, in Freundschaft, als Kampfgenossen. Eliza soll ein selbständiger Mensch sein, nicht abhängig oder gar hörig: „Nicht zwei Männer und ein Mädel, sondern drei Junggesellen" (V). Doolittles Ausführungen über die Ehe und die Moral des Mittelstandes gehören auch in diesen Zusammenhang.

Unter die Kritik der falschen Einstellungen fallen auch die Eynsford Hills. Bescheidene Einkünfte, es ist noch nicht einmal Armut, werden als Schande angesehen, aber man dünkt sich zu gut dafür, gegen Bezahlung zu arbeiten. Dabei ist der Anschein, den man sich zu geben sucht, im Grunde lächerlicher, als wenn man sich zu dem bekennen würde, was man ist und hat.

Wie ungeheuer arm Eliza und ihresgleichen leben, wie kraß der Unterschied zwischen reich und arm ist, zeigen ihre Ausführungen über das Badezimmer und die Nachtgewänder.

In der Gestalt Higgins' wird die Selbstherrlichkeit aufs Korn genommen, die den Menschen als Objekt ansieht, mit dem man ohne Verantwortlichkeit experimentieren kann. Vielleicht soll damit der Standesdünkel gegeißelt werden.

Die komische Kritik Doolittles an den üblichen Erziehungsgrundsätzen leitet über zum thematischen Kern des Stücks: worin besteht echte Bildung, wahre Erziehung? Durch alle Variationen von Äußerlichkeiten, äußeren Formen bis hin zur inneren Haltung wird das Thema durchgespielt. Was erzieht eigentlich? Eliza erfährt es ganz bewußt, und sie ist alt genug, um hierüber urteilen zu können: Güte, das Vorbild, die Achtung, die einem von andern entgegengebracht wird. Es ist eine ergiebige Aufgabe für die Schüler, die einzelnen Gesichtspunkte zusammenzustellen. Das Erziehungsmittel, das im Stück angewandt wird, ist die Verbesserung der Aussprache und des Sprachgebrauchs. Shaw stellt den Humboldtschen Grundsatz dar: Sprachbildung ist Menschenbildung. Die Schüler fühlen sich durch

dieses Ergebnis meist getroffen, und man kann von daher zu frucht-
baren Überlegungen zu den Fragen kommen: „Ist es so wichtig, wie
man spricht? Stimmt es, daß man den Menschen in ein ganz anderes
menschliches Wesen verwandeln kann, indem man ihm eine neue
Sprache schafft?" (Higgins, III; Eliza, V).

Shaw nimmt also in seinem Spiel die führende Gesellschaftsschicht
aufs Korn indem er die verkehrten Einstellungen und falschen Wertungen dieser Schicht bloßstellt. Insofern ist sein Spiel durchaus
aktuell. Es ist aber nicht auf bestimmte Ereignisse bezogen, sondern
auf bestimmte Zustände und Denkweisen, nicht auf einzelne Personen, sondern auf einen Stand innerhalb des Volkes. Die Kritik an der
Gesellschaft durchzieht und trägt das ganze Spiel.

(Renate Bühler)

5.6 Shaws Sozialismus

Shaw war Angehöriger der Labourpartei und – was für die Art seiner
sozialkritischen Einstellung wichtiger ist – Mitglied und bedeutender
Redner der Fabian Society, einer „Gesellschaft von Intellektuellen
aller Kreise, die 1884 gegründet wurde". Shaw kann nicht als Sozialist
im Sinne von Marx gelten. Dagegen sprechen schon die Ziele der
Fabian Society, die eine „allmähliche Sozialisierung auf dem gesetz-
mäßigen, friedlichen Wege" vorsahen. (Bei der Namengebung dach-
ten ihre Gründer an den überlegt handelnden Römer Fabius Cuncta-
tor!) Außerdem lehnte diese Gesellschaft den Klassenkampf ab und
wandte sich mit ihrer Propaganda „vor allem an die bürgerlichen
Kreise". G. K. Chesterton ist überzeugt, daß Shaw „der wenigst
soziale von allen Sozialisten ist; und ich bedaure den sozialistischen
Staat, der versuchen sollte, ihn anzuwenden". Wenn Shaw nicht im
herkömmlichen Sinne „Sozialist" ist, muß er es in einem anderen
Sinne sein, da er sich doch unleugbar um die soziale Frage bemüht.
Seine Auffassung davon ist ebenso eigenwillig wie er selbst. Wenn

wir „Pygmalion" untersuchen, können wir zwar feststellen, daß die überlieferten Standesunterschiede samt ihren Kennzeichen, wie Reichtum, Kleidung und Etikette, sichtbar sind, aber wir sehen nirgends auch nur die Andeutung einer Klassenkampfstimmung. Die Klassentrennung besteht, sie ist aber in diesem Drama nur von untergeordneter Bedeutung. Trotzdem spürt man am gesamten Milieubild, daß der Dichter eine Anklage gegen soziale Mißstände vorbringen will. Aber worauf zielt diese Anklage? Um diese Frage beantworten zu können, müssen wir uns Shaws Lebensphilosophie vergegenwärtigen (sie ist hier als Anschauung und nicht als streng aufgebautes System zu verstehen). Die Mängel an der bestehenden Gesellschaftsordnung fordern den kritischen Denker Shaw heraus, das Übel an der Wurzel zu erfassen, und er kommt zu der Überzeugung, daß „der Weg zur Lösung der sozialen Frage notwendig über die moralische und geistige Wandlung des Individuums führen müsse". Diese Wandlung hat aber in allen Gesellschaftsschichten stattzufinden, denn Shaw wünscht nicht nur eine Besserung der oberen Klasse, indem sie sich von einer hohlen, starren und damit unnatürlichen und „unmoralischen" Konvention frei macht, in der Sein und Schein einander nicht decken, er fordert ebenso eine Wandlung des Individuums der unteren Schichten durch geistige und moralische Anstrengung. Shaw strebt damit eine evolutionäre Höherentwicklung des menschlichen Bewußtseins und Geistes aller Klassen an. – Dem Verbesserer Shaw ist es also unerträglich, wenn in einer Gesellschaft die minderen Werte betont oder umgekehrt, die höheren Werte vernachlässigt werden. Auf „Pygmalion" bezogen: Wenn die eine Klasse eine besondere Achtsamkeit gegenüber Herkunft und Besitz erkennen läßt, so fehlt es ihr doch an Aufrichtigkeit gegenüber sich selbst, an dem Mut, ihre eigene Art zu leben und vor allem an Menschlichkeit im Sinne des Füreinander, so daß ihre Vertreter im Grunde müßige Pendler zwischen traditioneller Konvention und materiellen Werten bleiben. – In der anderen Klasse zeigt uns Shaw strotzendes Lebensgefühl, Mut zur eigenen Art und gesunden Stolz; aber es herrschen hier andererseits animalische Brutalität und Lieblosigkeit, es mangelt an Bildungsdrang und am Verlangen nach Kultur. – Das treibende Element, das die moralische und geistige Aufwärtsentwicklung im Menschen ermöglicht, ist für Shaw die Kraft der life-force (auch creative spirit oder Gott), ein schöpferischer Geist, der jedem Individuum innewohnt und darauf wartet, aktiviert zu werden. Wir sehen, daß ihn die Art, sich um die Gesellschaft zu bemühen, von der sozialistischen Auffassung trennt, die eine Förderung eines bestimmten Standes vorsieht; Shaw hingegen will die gesamte Gesellschaft ansprechen, aufrufen und reformieren. – Damit hat der Dichter die „soziale Frage", hier im Sinne des Shawschen Sozialismus, auf eine andere Ebene gehoben. Seine Kritik ist kein Aufruf zum Klassenkampf, sie ist an jeden Menschen gerichtet und erhält damit allgemeine Bedeutung. Die Bühne bietet Shaw die Möglichkeit, seine Ansichten kundzutun und die Aufforderung an den Menschen zu richten, die life-force als wirkende Kraft in sich freizumachen. Es ist ein Bekenntnis des Dichters, wenn er Henry Higgins zu Eliza sagen läßt: „Mir ist am Leben, an der ganzen Menschheit gelegen". Und gerade das Menschliche ist es, das Shaw immer wieder anrührt, zu dem er immer wieder verstößt, trotz, – oder besser: durch Kritik, Witz und Satire. G. K. Chesterton, der von sich behauptet, daß er der einzige Mensch sei, der Shaw verstehe, sagt von ihm: „Er muß der Fahne des Lebens so leidenschaftlich aus Überzeugung folgen, wie alle anderen Geschöpfe ihr aus Instinkt folgen."

Wenn wir mit diesem Shawschen Sozialanliegen an das Drama herangehen, so können wir feststellen, daß es dem Dichter in „Pygmalion" nicht um Gesellschaftskreise geht, sondern um den einzelnen Menschen, der in eine Gesellschaftsschicht hineingestellt ist und mit ihr, wie mit sich selbst, fertig zu werden hat.

(Heinz Edenhofer)

5.7 Scherz, Satire, Ironie und tiefere Bedeutung

Shaws „Pygmalion" ist ein reiches und komplexes Drama. Das mehrfach kontrastierte Thema des sozialen Aufstiegs ist verbunden mit
der Problematik der Erziehung zwischen Wissen und Bildung, Spon-
taneität und Mimesis, mit dem gentleman ideal, dem Zusammenhang
von Sprache, Geist, Individualität, Person und Seele, dem Schisma
von bürgerlich-gesellschaftlicher Konvention und individueller Sitt-
lichkeit und nicht zuletzt mit dem Urgegensatz der Geschlechter, der
von fern an Strindberg gemahnt. Das alles ist mit einer beinahe
unerschöpflichen Vielfalt mit solcher Klarheit und Leichtigkeit in die
dramatische Energie der Komödie verwandelt, daß die inneren Zusammenhänge dieser weitschichtigen Didaxe dem Leser wie dem
Zuschauer erst allmählich mit dem Vordringen des idealen Gesche-
hens bewußt werden...

Shaw mischt in Mozartscher Weise den Ernst mit dem Heiteren, den
Scherz mit der tieferen Bedeutung. Was für ein großes menschliches
Anliegen und welche Fähigkeiten verbirgt das Blumenmädchen hinter
den Vulgaritäten ihrer Herkunft, welcher Mangel an menschlicher
Einsicht steckt hinter der geistesstarken Titanenmentalität des Schöp-
fergottes Higgins, der ein Herr der Schöpfung, aber kein „Herr" ist...

Elizas Hingabe, Higgins' Enthusiasmus, das Selbstbewußtsein des
Individualisten, das er mit Doolittle gemeinsam hat, Pickerings Takt,
Mrs. Higgins' Feingefühl, sie alle gehören zusammen, aber sie ver-
einigen sich nicht in einem einzelnen. Der einzelne bleibt auch in der
individuellen Vollendung und vielleicht gerade durch diese ein Torso,
ein Gegenstand der Komik wie der Tragik, und das gilt sogar für
Shaws Heroen und Heilige.

(Kurt Otten)

5.8 Aussage und Wirkung auf der Bühne

...Der römische Dichter Ovid berichtet in seinen „Metamorphosen"
von Pygmalion, der sich in eine von ihm geschaffene weibliche Statue
so verliebte, daß Aphrodite, die Göttin der Liebe, sie auf sein Flehen
zum Leben erweckte. In diesem Sinn ist auch Shaws Higgins ein
Pygmalion, der sich in sein eigenes Werk verliebt. Nur hindern ihn
sein wissenschaftlicher Hochmut und sein selbstherrlicher Egoismus
daran, auch die behutsam aufblühende Frauenseele Elizas zu bemerken und in seine Liebe einzuschließen. So zieht sich Eliza vor
seiner ehrfurchtlosen Verliebtheit schließlich zurück und läßt ihn
stehen. Shaws Pygmalion hat in vielen Ländern eine geradezu unver-
wüstliche Bühnenwirkung gezeigt. Nicht nur das unerzogene Straßenmädel, das sich zu einer adeligen Frauenseele entwickelt, auch
die borierten Wissenschaftlertypen, der hemdsärmelige, unerzogene, charmante Higgins und der gentlemanlike Pickering tun ihre
Wirkung. Die Figur des philosophischen Müllkutschers Alfred Doolittle, der durch eine Geldzuwendung zu einem „Opfer des Mittelstandes" wird, ist von einer umwerfenden Komik. Auch in dem unzählige
Male gespielten Musical My Fair Lady hat sich Shaw's Pygmalion als
unvergleichlich bühnenlebendig erwiesen.

5.9 Bedeutung für das moderne Drama[16]

...Obwohl Wegbereiter der Moderne, begründete Shaw doch keine
eigentliche Schule, und Nachfolger zu nennen fällt schwer, was
paradoxerweise darauf zurückzuführen ist, daß er eben so überaus
bedeutend war. Seine Position schien unerreichbar, so daß die meis-
ten ihn bewunderten, es aber nicht wagten, den Vergleich mit "the
second Saint Bernard", wie O'Casey ihn voller Verehrung nannte,

---

16 Dem Leser sei hier der Vergleich mit E. Ionescos absurdem Theaterstück „La Leçon"
    nahe gelegt.

aufzunehmen. Dadurch, daß er dem Drama im Sinne einer Intellektualisierung einen literarischen Anspruch gab, wirkte er als Avantgardist des modernen Dramas und als "the great liberator" einer literarischen Gattung aus den Schranken der Konventionen und Traditionen des 19. Jahrhunderts. Priestley bezeichnete ihn sogar als "a great destroyer, head of the Victorian rubbish disposal squad". Diese Leistung gelang ihm erstens dadurch, daß er neue Themen aus dem sozialen, politischen, philosophischen und religiösen Bereich bühnenfähig machte und damit die Grundlage legte für das spätere sozialkritische, poetische und religiöse Drama. Zweitens bewirkte er die Befreiung von viktorianischen Idealen, indem er z. B. seine Helden mit unkonventionellen Wertungen belegte. Die Differenziertheit einiger seiner Protagonisten, ja ihre Ambivalenz ist ein Charakteristikum des modernen Dramas. Drittens schließlich bemühte er sich durch Reduktion der Handlung und Aufwertung des Dialogs um die neue Form des Diskussionsdramas, das (wie auch ganz besonders seine extravaganzas) in einigen Zügen, z. B. in dem scheinbar beziehungs- und zusammenhanglosen Dialog, dem Verlust der festen Weltordnung, dem Element der Desillusionierung, der ungewöhnlichen, traumhaften oder imaginären Lokalisation und einer mit symbolischer Verweisungsfunktion versehenen Szenerie, das spätere „absurde Drama" vorbereitete. Einige Beschreibungen des „absurden Dramas" können deshalb oft fast unverändert auch für Shaw gelten:

...basically the Theatre of the Absurd attacks the comfortable certainties of religious or political orthodoxy. It aims to shock its audience out of complacency, to bring it face to face with the harsh facts of the human situation as these writers see it....It is a challenge to accept the human condition as it is, in all is mystery and absurdity, and to bear it with dignity, nobly, responsibly;...The shedding of easy solutions, of comforting illusions, may be painful, but it leaves behind it a sense of freedom and relief. And that is why, in the last ressort, the Theatre of the Absurd does not provoke tears of despair but the laughter of liberation.

(Jürgen Wolter)

66

6. LITERATUR (- AUSWAHL -)

Shaw, G. B., Pygmalion. Romanze in fünf Akten. Deutsch von Harald Mueller, Stuttgart 1986 (Reclam Nr. 8204)

Shaw, G. B., Pygmalion. A Romance in Five Acts & My Fair Lady (Adaption and Lyrics by A. J. Lerner). Introduction by F. H. Goldstone. New York 1975 (Signet Classic)

* * *

Fricker, R., Das moderne englische Drama. Göttingen 1964

Oppel, H., Das moderne englische Drama. Berlin ³1976

Worth, K. J., Revolutions in Modern English Drama. London 1973

* * *

Arnold, A., George Bernard Shaw. Berlin 1965

Bentley, E. R., Bernard Shaw. A Reconstruction. New York 1976

Carr, P. M., Bernard Shaw. New York 1976

Hill, E. C., George Bernard Shaw. Boston 1978

Irvine, W., The Universe of GBS. New York 1949

Kennedy, A. K., Six Dramatists in Search of a Language: Shaw, Eliot, Beckett, Pinter, Osborne, Arden. Studies in Dramatic Language. London 1975

Mander, G., George Bernard Shaw. München 1976

Otten, K./Rohmann G., George Bernard Shaw. Darmstadt 1978 (Wege der Forschung 388)

Pearson, H., George Bernard Shaw. Geist und Ironie. München 1981

Strauss, E., Bernard Shaw. Art and Socialism. London 1942

Valency, M., The Cart and the Trumpet: The Plays of George Bernard Shaw. New York 1973

Weintraub, S., (Hg.) The Portable Shaw. New York 1977

Wolter, J., Bernard Shaws Bedeutung für das englische Drama. In: Heinz Kosok. Drama und Theater im England des 20. Jahrhunderts. Düsseldorf 1980, S. 41-53

* * *

Carrington, N., Brodie's Notes on Shaw's „Pygmalion". London-Sydney 1976

Edenhofner, E., George Bernard Shaw: Pygmalion. In: Kurt Bräutigam. Europäische Komödien. Frankfurt 1964

Lowers, J. K., Shaw's PYGMALION & ARMS AND THE MAN. Lincoln (Nebraska) 1995

Otten, K., George Bernard Shaw: Pygmalion. In: Horst Oppel. Das moderne englische Drama. Berlin ³1976, S. 126-148

Solomon, S. J., Shaws "St. Joan" als epische Tragödie. In W. Erzgräber. Englische Literatur von Wilde bis Beckett. Interpretationen 9. Frankfurt 1970. S. 48-62

Wall, V., Bernard Shaw. Pygmalion to Many Players. Ann Arbour 1973

* * *

Reader, W. J., Professional Men: the Rise of the Professional Classes in the 19th-Century England. London 1966

Rowbotham, Sh., Dreams and Dilemmas. London 1983

Swindells, J., Victorian Writing and Working Women. The Other Side of Silence. Minneapolis 1985

Vincent, D., Bread, Knowledge and Freedom: a Study of 19th-Century Working Class Autobiography. London 1982

* * *

Best, O. F., Handbuch literarischer Fachbegriffe. Definitionen und Beispiele. Frankfurt [8]1980

Daiber, H., Deutsches Theater seit 1945. Stuttgart 1976

Dietrich, M./Stefanek, P., Deutsche Dramaturgie von Gryphius bis Brecht. München 1965 u. ö.

Eder, K., Antike Komödie. Velber-München 1974

Emmel, F., rororo Schauspielführer. Von Aischylos bis B. Strauß. Hamburg 1985

Frenzel, E., Stoffe der Weltliteratur. Stuttgart 1962

Gehrke, H., Gotthold Ephraim Lessing. Minna von Barnhelm. Wertungen und Rezeptionshilfen Hollfeld [2]1981

Karrer, W./Kreutzer, E., Daten der englischen und amerikanischen Literatur von 1890 bis zur Gegenwart. München [3]1983

Schwab-Felisch, H., Gerhart Hauptmann. Die Weber. Dichtungen und Wirklichkeit, Frankfurt-Berlin-Wien 1975 u. ö.

Williams, R., Drama from Ibsen to Brecht. London 1971

ABC Deutsch

Die Reihe mit dem Guggi

Das Konzept der Reihe:

Die Regelbücher:
Die Inhaltsverzeichnisse sind sehr übersichtlich und klar gegliedert. Beschränkung auf das Wesentliche und Wichtige. Verständlichkeit durch Verwendung nicht nur lateinischer, sondern auch deutscher Begriffe (z.B. Hauptwort, Wie-Wort, Tu-Wort), daher (fast) ohne Vorwissen begreifbar. Systematische und verständliche Darstellung der Regeln durch einfache Sprache und klare Gliederung der einzelnen Kapitel in: "Regel (bzw. Definition)", "Beispiele und Erläuterungen", "Hinweise". Bei besonderen Schwierigkeiten Wortlisten zum Einprägen. Bilderrätsel zur Auflockerung und Überprüfung des Wissens (mit Auflösungen im Anhang). Tabellen für den Überblick. Leerseiten für Notizen. Ausführliches Register.

Die Übungsbücher:
Die Übungsbücher sind nach Sachgebieten gegliedert und so aufgebaut, daß Selbstlerner dank eines entsprechenden Buchumschlags die Lösungen abdecken und sich nach Beantwortung der Fragen selbst überprüfen können. Da auf der jeweils linken Buchseite die Fragen noch einmal - natürlich mit Antworten - abgedruckt sind, können Lehrer, Nachhilfelehrer und natürlich auch Eltern das Wissen (ohne selber den Stoff beherrschen zu müssen!) problemlos abfragen. Kurzum: Die Übungsbücher sind für Selbstlerner geschrieben, ideal aber auch für Lehrer und Eltern zum Abfragen!

Der Aufbau der Reihe:

ABC DEUTSCH: GRAMMATIK

Band 1: Regeln - Beispiele - Erläuterungen
124 Seiten - DIN A5 **Best.-Nr. 0491-X**

Band 2: Übungen mit Lösungen zur deutschen Grammatik.
120 Seiten - DIN A4 **Best.-Nr. 0492-8**

Übungen mit Lösungen als Computerspiel auf 3,5' Diskette (Win 3.11 und Win 95)
Best. Nr. 0497-9

Nach der neuen Rechtschreibregelung!!!
ABC DEUTSCH: RECHTSCHREIBUNG

Band 1: Regeln - Beispiele - Erläuterungen
DIN A5   **Best.-Nr. 0493-6**

Band 2: Übungen mit Lösungen zur Rechtschreibung.
DIN A4   **Best.-Nr. 0494-4**

ABC DEUTSCH: ZEICHENSETZUNG

Band 1: Regeln - Beispiele - Erläuterungen
116 Seiten - DIN A5 **Best.-Nr. 0495-2**

Band 2: Übungen mit Lösungen zur Zeichensetzung.
164 Seiten - DIN A4 **Best.-Nr. 0496-0**

Übungen mit Lösungen als Computerspiel auf 3,5' Diskette (Win 3.11 und Win 95)
Best. Nr. 0497-9